JAME S

Jambes lourdes : du nouveau avec la phyto

C'est naturel, c'est ma santé

FINI LES JAMBES LOURDES

Jambes lourdes :
du nouveau avec la phyto

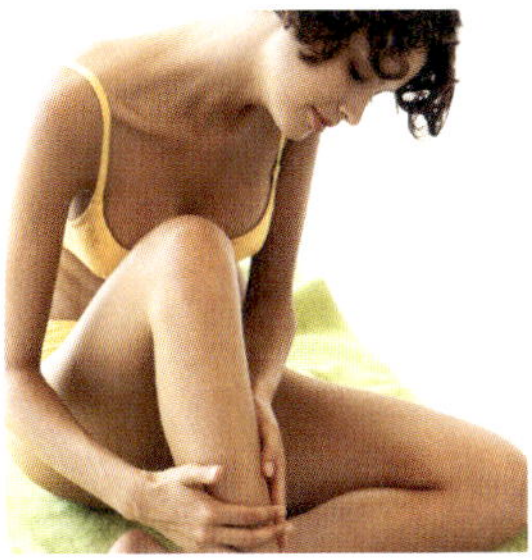

Dr Michèle Cazaubon

Préface du Dr François-André Allaert

EDITIONS Alpen
Alpen Éditions
9, avenue Albert II
98000 Monaco

Michèle Cazaubon est angéiologue, attachée des Hôpitaux de Paris (CHU Bichat) et consultant à l'Hôpital Américain de Paris-Neuilly.
Elle est secrétaire générale de la Société Française d'Angéiologie depuis 1995 et secrétaire de la Société Française de Phlébologie depuis 1999.
Passionnée par sa discipline, la santé des femmes est au cœur de ses préoccupations.
Rédactrice en chef de la revue *Angéiologie,* elle décide aujourd'hui de faire partager ses connaissances au plus grand nombre et livre une synthèse des dernières avancées de la recherche.

Pour la présente Édition

9, avenue Albert II
MC - 98000 MONACO
***Tél. :** 00377 97 77 62 10*
***Fax :** 00377 97 77 62 11*

Crédits photos :
Eye Wire, Good Shoot, Photo Alto,
Photo Disc, Image Source,
Scorpius, John Fox
Bx Medical Relationship,

***Dépôt légal :** 2016*

Imprimé en Union Européenne

Préface

Quand on est un expert comme le Dr Michèle Cazaubon qui exerce d'aussi importantes fonctions que les secrétariats généraux de la société Française d'Angéiologie et de la Société Française de Phlébologie, la difficulté est d'avoir le courage de ne pas faire un ouvrage de spécialistes destiné à ses collègues mais de faire un ouvrage de haut niveau destiné au public.

Paradoxe ? Non, car écrire un ouvrage pour le grand public remet en cause obligatoirement l'auteur en l'obligeant à utiliser des termes clairs sans pouvoir se réfugier dans le jargon professionnel. De même, il oblige l'auteur à aborder le sujet de manière pragmatique en tentant d'apporter des réponses aux questions que se posent les patients au quotidien. Ces questions sont souvent redoutables car elles confrontent le médecin aux limites des connaissances actuelles ; même si de grands progrès ont été faits, nous sommes encore loin de tout savoir sur la maladie veineuse.

Par rapport aux ouvrages existant sur la maladie veineuse, le livre du Dr Michèle Cazaubon a l'originalité d'aborder ce sujet dans l'optique de prévention qui est la sienne – prévenir avant de guérir – et avec sa sensibilité de femme.

Après un rappel des mécanismes qui expliquent l'apparition de la maladie veineuse, elle décrit ses spécificités aux différents âges de la vie et dans différents contextes (travail, ménopause, obésité…) qui permettent à l'ensemble des lecteurs de trouver des informations sur sa situation particulière. Et surtout, elle donne des conseils non seulement pour garder de « belles jambes » (prévention primaire) mais aussi pour moins souffrir et pour lutter contre l'aggravation ou les complications de la maladie veineuse (prévention secondaire).

Enfin, elle ose combattre le dogme actuel qui voudrait faire de la maladie veineuse une maladie de confort sans doute parce qu'elle atteint plus fréquemment les femmes. La souffrance veineuse est une réalité qu'il faut soulager.

Ici aussi, faut-il sans doute voir encore la spécificité du Dr Michèle Cazaubon, angéiologue de rang international mais aussi femme engagée dans le combat pour la santé des femmes.

En lisant ce livre, je n'aurai qu'un seul regret, celui de ne pas pouvoir en écrire un avec une telle passion et une telle maîtrise.

François-André Allaert
Président de la Société Française d'Angéiologie
Professeur à l'université McGill (Montréal, Canada)

Introduction

Les maladies veineuses existent depuis que l'homme a laissé aux primates la marche à quatre pattes pour devenir l'*Homo erectus* et tout a été dit et écrit à leur sujet. Vouloir rédiger un ouvrage de plus peut sembler présomptueux ou relever d'une parfaite innocence. Cependant, les maladies des veines et l'un de leur principal symptôme, les jambes lourdes, peuvent être abordés sous un jour nouveau et prometteur : celui de la prévention. Prévention primaire, c'est-à-dire comment éviter d'avoir un jour des « problèmes veineux » et prévention secondaire ou comment faire pour que les petites varicosités que j'ai vu apparaître à la naissance de mon premier chérubin, ne s'aggravent pas. Les travaux réalisés en collaboration entre médecins spécialistes des veines – les phlébologues, chirurgiens des vaisseaux, chercheurs, épidémiologistes, statisticiens, économistes, permettent de mieux comprendre, et par là même, de mieux traiter les maladies de la circulation de retour. Tout d'abord, il faut savoir que « n'a pas une maladie veineuse qui veut ». Les cardiologues savent depuis longtemps mesurer notre risque cardiovasculaire, c'est-à-dire prédire le risque d'avoir un infarctus dans les années à venir.

AVERTISSEMENT

Les informations contenues dans ce livre ne peuvent pas remplacer un avis autorisé. Avant toute automédication, consultez un médecin ou un pharmacien qualifié.

Ce calcul de probabilité existe aussi pour les maladies veineuses et lors de la première consultation au cabinet du médecin spécialiste des maladies de la circulation (l'angéiologue), un interrogatoire précis joint à un examen clinique minutieux permettent d'évaluer le capital veineux du patient. Ainsi, soyez bien certaines qu'avoir de la veine n'est pas un simple adage, cela traduit effectivement la notion d'héritage veineux qui peut être satisfaisant ou peu enviable. De là tout l'intérêt d'une prévention adaptée à chaque patient et modulable tout au long de la vie.
Au fil de ces quelques pages, nous suivrons la femme depuis son enfance jusqu'au delà de ses 80 ans, avec pour chacune une mine de conseils utiles et dans la mesure du possible pas trop désagréables pour rester avec de bonnes sinon de belles jambes. Quant aux maris, frères et copains, ils auront certainement tout intérêt à glaner quelques conseils qui les aideront eux aussi, car ils ne sont pas épargnés même si la clientèle du phlébologue est majoritairement représentée par nous, les femmes.

TABLE DES MATIÈRES

De belles jambes… et pourtant… 12
Calculez votre risque veineux 14

LA CIRCULATION VEINEUSE, COMMENT ÇA MARCHE ? 16

Pour résumer: une pompe et des tuyaux 16
Les veines sous toutes leurs coutures 18
Circulation en sens unique 20
Quand la circulation de retour se fait mal 22
Les varices vues « comme au cinéma » 24
Une varice, ça se traite comment ? 26
De la jambe lourde à la cheville qui enfle… 28
Une histoire de varice qui tourne mal : la phlébite 30
Qui voit ses veines voit ses peines 32
Des jambes à la peau d'orange 34
Quand les jambes sont douloureuses 36

VOS VEINES DE 7 À 77 ANS 38

Les enfants 38
La jeune fille qui vivait dangereusement 40
En attendant bébé 42
La femme active 44
Quand la balance penche du mauvais côté 46
Quand les hormones font défaut 48
70 ans et plus… 50
Les veines de ces messieurs 52

TRAITER NATURELLEMENT L'INSUFFISANCE VEINEUSE 54
La phytothérapie : une médecine alternative de choix 54
Plantes toniques pour jambes légères 56
À chaque problème, sa solution phyto 58
La contention : des bas qui soignent 60
À chaque jambe… son bas idéal 62
Les cures thermales 64

PROGRAMME SANTÉ JAMBES LÉGÈRES 66
Offrez de belles journées à vos jambes 66
Bougez, bougez et… respirez 68
La gymnastique anti-stase 70
Une ennemie de vos veines : la chaleur 72
Bien manger 74
Contrôlez votre poids 76
Luttez contre la constipation 78
Le régime qui protège 80
À la rencontre des protecteurs naturels 82
Les bonnes graisses : les acides gras oméga-3 84
Menus « jambes légères » 86

LES RÉPONSES À VOS QUESTIONS 88

CONCLUSION 90

LEXIQUE 92

BIBLIOGRAPHIE 95

De belles jambes... et pourtant...

Voici un exemple qui illustre à merveille le caractère insidieux des maladies veineuses et tout l'intérêt d'une prévention très précoce.

Lorsque je rencontre Anna B. pour la première fois à mon cabinet, je me demande pourquoi elle vient me voir : silhouette parfaite, jambes « canon ».
Elle n'a pas de douleur importante des membres inférieurs mais se plaint de jambes lourdes en fin de journée. Le motif essentiel de sa visite est l'apparition récente de veines visibles sur le devant de la jambe, ce qui est relativement gênant pour sa carrière de mannequin particulièrement spécialisé dans la mise en valeur des collants haute couture...

Le rapide décompte de ses facteurs de risque montre qu'elle a un capital veineux tout à fait correct mis à part le fait qu'elle porte le plus souvent des talons dépassant les 10 centimètres et – ceci expliquant peut-être cela ! – qu'elle se déplace plus souvent en voiture qu'à pied.
En examinant ses jambes, je ne retrouve aucune varicosité ou varice, tout au plus, effectivement, des veines dilatées et bien apparentes sur le devant de la jambe.
Il s'agit d'un début d'insuffisance veineuse.
Nous verrons au fil des pages comment expliquer ces anomalies de la circulation

Les facteurs de risque

Grossesse et accouchement, surtout s'ils sont répétés, **traitement hormonal, prise de poids récente, traumatisme aux jambes.**

de retour et traiter ces jambes lourdes mais aussi quels conseils donner à Anna pour qu'elle récupère des jambes parfaites… et surtout que cela ne s'aggrave pas.

Les maladies veineuses davantage prises en compte

Les progrès réalisés dans la médecine vasculaire (médecine des vaisseaux) lors de ces cinquante dernières années expliquent la disparition progressive des formes les plus graves des maladies de la circulation sanguine. Ainsi, la fréquence des ulcères a diminué, particulièrement dans les grandes villes où les femmes sont peut-être plus sensibles à l'esthétique de leurs jambes et consultent très tôt leur médecin comme l'a fait Anna. Cependant, il faut insister sur les conséquences sociales et économiques des maladies veineuses, car non seulement elles coûtent très cher en frais médicaux, mais elles retentissent aussi sur l'activité professionnelle des patients et sur leur qualité de vie, élément de plus en plus pris en compte par les autorités de santé.

La maladie veineuse : une maladie chronique fréquente

Les maladies veineuses sont très fréquentes. Dans les pays occidentaux, près d'un adulte sur deux a de mauvaises veines.

Le terme de mauvaise circulation veineuse s'emploie aussi bien devant de simples dilatations des veines superficielles que dans les formes les plus sévères de la maladie veineuse chronique, représentées par exemple par les ulcères de jambe.

La maladie veineuse est en effet une maladie chronique, comme les maladies rhumatismales. Elle évolue par poussées, favorisées par ce que nous appelons les facteurs de risque (lire encadré). Nous verrons plus loin comment établir un score veineux à partir du décompte de ces facteurs de risque.

Le médecin acteur de la prévention

Le médecin spécialiste des veines a non seulement pour rôle de soigner les veines de la patiente mais aussi de faire une recherche complète de tous les facteurs de risque veineux afin de traiter ceux sur lesquels il peut agir et éviter ainsi qu'ils s'aggravent.

Calculez votre risque veineux

Une femme sur deux et un homme sur quatre ont des varices. Pour que les veines se transforment en varices, il faut tout un ensemble de facteurs environnementaux associés à des facteurs génétiques.

Les facteurs génétiques sont liés à l'hérédité, les facteurs environnementaux à notre mode de vie. Si l'on ne peut rien faire contre les premiers, les autres peuvent être évités, résultat d'une bonne prévention.

Pour évaluer votre risque veineux, répondez aux questions ci-après et additionnez vos points.

1. Âge :
< 25 ans = 0 point   > 25 ans = 1 point

2. Antécédents familiaux :
existe-t-il des varices ou des phlébites chez les parents et fratries : père, mère, frères et sœurs et aussi chez les enfants ?
Non = 0 point   Oui = 1 point

3. Antécédents personnels : avez-vous des varices, des ulcères veineux, avez-vous été traitée pour une thrombose veineuse ?
Non = 0 point   Oui = 2 points

4. Nombre de grossesses à terme :
0 = 0 point   1 = 1 point
> 1 = + 1 point pour chaque grossesse

5. Traitement hormonal :
pilule contraceptive ou traitement hormonal substitutif de la ménopause
Non = 0 point   Oui = 1 point

6. Profession : en tenant compte du nombre d'heures passées en station debout, de la position au travail et du chauffage (chauffage par le sol en particulier)
– Moins de 3 heures debout = 0 point
– Plus de 3 heures debout = 1 point
– Chauffage par le sol = 1 point
– Atmosphère chaude et humide = 1 point

7. Marche quotidienne :
nombre de minutes par jour consacrées à la marche vraie et non au piétinement
– Plus de 30 minutes par jour = 0 point
– Moins de 30 minutes par jour = 1 point

8. Activité sportive :
– Pas de pratique de sport à risque = 0 point
– Sport à risque = 1 point

9. Poids et évolution du poids depuis 5 ans sur la base de l'indice de masse corporelle :
IMC = poids (kg)/taille^2 (IMC normal = < 29)
– IMC normal = 0 point
– IMC en augmentation = 1 point

10. Mode vestimentaire : inventaire complet de la « garde-robe » des dessous aux chaussures.
– Sans risque (vêtements larges, talons ≤ 5 cm) = 0 point
– À risque (talons hauts, vêtements serrés, corsets…) = 1 point

11. Alimentation épicée ou non, consommation de boissons alcoolisées, constipation.
Non = 0 point   Oui = 1 point

12. Exposition fréquente aux sources de chaleur : bains chauds, soleil, sauna, hammam.
Non = 0 point   Oui = 1 point

13. Tabagisme :
Non = 0 point   Ou = 1 point

• Si vous avez 0 point : parfait… ce livre n'est peut-être pas pour vous mais vous trouverez des conseils utiles pour conserver votre capital veineux.

• Si vous avez 16 points : votre capital veineux a sérieusement besoin d'être revu à la hausse.

• Entre les deux : quelques conseils ne vous feront pas de mal. Vous les trouverez dans la quatrième partie de cet ouvrage.

LA CIRCULATION VEINEUSE,
COMMENT ÇA MARCHE ?

Pour résumer : une pompe et des tuyaux

Le système circulatoire est un circuit fermé, étanche, qui contient les 5 litres de sang de l'organisme. Il est composé d'une pompe, le cœur, et d'un réseau complexe de vaisseaux sanguins : les artères et les veines.

Les artères transportent le sang vers les organes. Le sang artériel fournit l'oxygène et les substances nutritives dont les tissus ont besoin. Les veines ramènent le sang contenant les déchets tissulaires depuis les organes jusqu'au cœur (c'est le retour veineux ou circulation de retour) puis vers les poumons.

Le plus gros vaisseau sanguin qui part du cœur, l'aorte, se ramifie progressivement pour irriguer toutes les parties du corps. Le sang emprunte ensuite le réseau veineux pour retourner au cœur via les veines caves inférieure et supérieure. En une minute, un globule rouge parcourt le système circulatoire du cœur au cœur.

La deuxième circulation de retour : la circulation lymphatique

Les vaisseaux lymphatiques assurent également une partie de la circulation de retour en ramenant un liquide clair et blanchâtre riche en protéines et en globules blancs : la lymphe. Le rôle de ces vaisseaux est d'épurer une partie des déchets tissulaires. Lorsque la circulation veineuse est insuffisante, les lymphatiques sont mis à contribution mais ils sont rapidement débordés.

Distribution de sang

Le sang passe dans les artères qui se ramifient en artérioles, qui elles-mêmes se ramifient en capillaires. Le sang passe ensuite dans les veinules qui se réunissent pour former les veines.

Artères : les artères distribuent le sang riche en oxygène, à l'exception de l'artère pulmonaire qui irrigue les poumons.

Veines : elles ramènent le sang au cœur et ont donc le même trajet que les artères, mais en sens inverse.

Capillaires : ce sont de minuscules vaisseaux entre les artérioles et les veinules. À travers leur paroi fine passent l'oxygène et les nutriments vers les tissus et les déchets à évacuer.

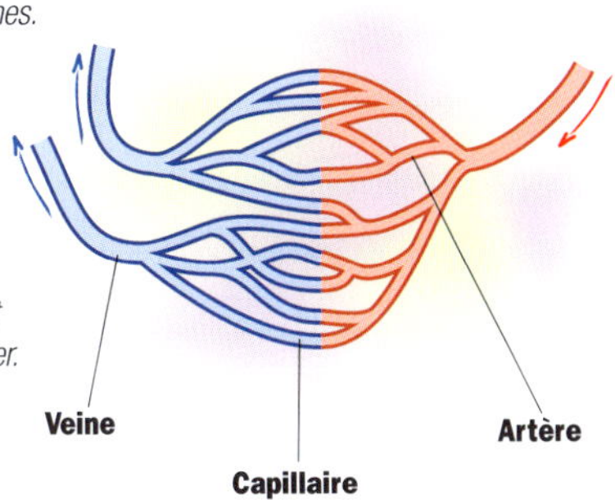

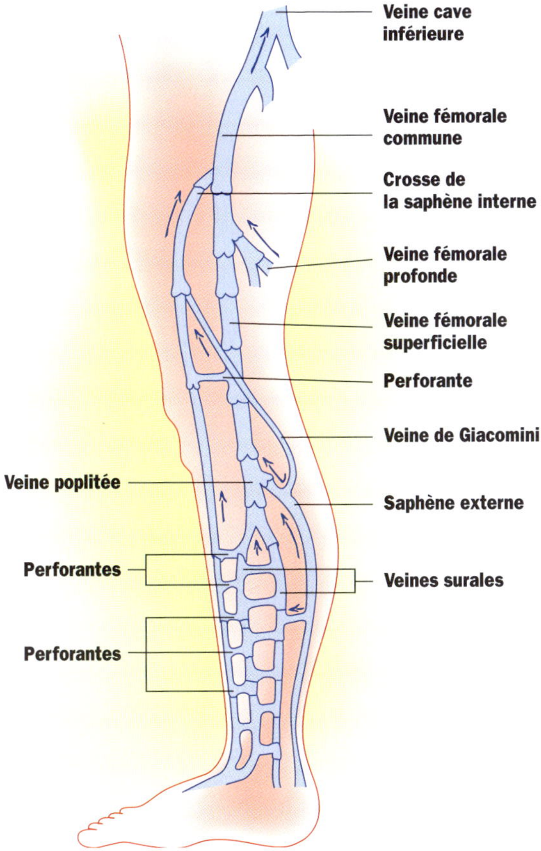

Veines superficielles et veines profondes

La circulation des jambes, c'est la circulation depuis l'extrémité du pied jusqu'à l'aine, et non pas seulement du pied au genou. La circulation veineuse des membres inférieurs comprend deux réseaux : un réseau profond, satellite des artères, et un réseau superficiel, représenté par les saphènes. Ces deux systèmes communiquent entre eux par des veines appelées perforantes. Au niveau des membres inférieurs, le réseau veineux profond assure les 9/10 de la circulation de retour et les veines superficielles seulement 1/10. Ceci explique déjà pourquoi le fait de supprimer les veines superficielles ne retentit pas sur la manière dont le sang circule.

Les veines sous toutes leurs coutures

Les veines peuvent être représentées comme des tubes avec une lumière, dans laquelle circule le sang, et une paroi entourant cette lumière.

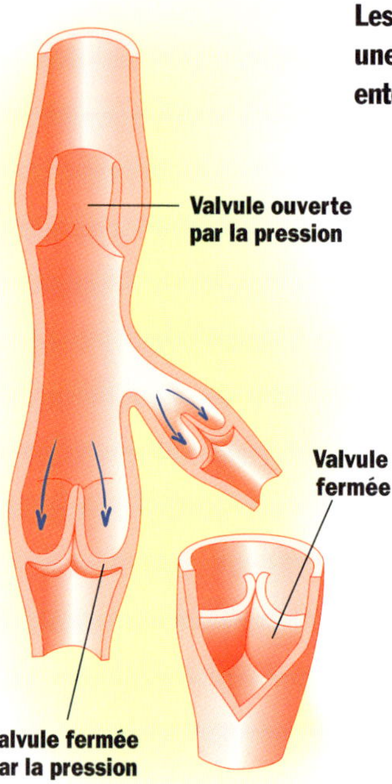

Représentation schématique des valvules

Les valvules sont bien visibles en échographie. Leur taille et surtout leur degré d'occlusion peuvent être appréciés en examinant les veines en position debout.

La circulation des membres inférieurs se fait dans un seul sens : des pieds vers le cœur. Debout, il faut donc empêcher en permanence le sang de redescendre. Comment le retour veineux se fait-il ? L'une des particularités des veines est de posséder des valvules, c'est-à-dire des clapets qui se ferment sur le passage du sang et assurent la circulation de retour.

Elles sont fragiles et peuvent être détruites, par exemple lorsqu'il se forme un caillot dans la veine : celui-ci arrache les valvules.

Enfin, si la veine est trop large et dilatée (varice par exemple), les deux petits clapets ne vont plus coïncider. Ils ne pourront pas fermer le conduit veineux et empêcher le sang de redescendre. On aura alors une zone de reflux.

Quand l'endothélium va, tout va

L'endothélium joue un rôle clé dans la santé de la veine. C'est une petite usine autonome. Les cellules endothéliales puisent dans le sang les éléments indispensables à leur fonctionnement et se débarrassent des déchets inutiles. Elles fabriquent des substances capables de maintenir le sang fluide et d'autres qui luttent contre l'inflammation. Enfin, elles assurent le renouvellement constant de l'ensemble des cellules de la paroi (angiogénèse).

Lorsque la circulation sanguine ralentit (ce qu'on appelle stase veineuse), l'endothélium ne reçoit pas suffisamment d'oxygène et il ne remplit plus ses fonctions.

Les conséquences sont :

- soit la formation d'un caillot dans la veine (on parle de thrombose, ou phlébite) ;
- soit l'inflammation de la paroi ;
- soit la transformation de la veine normale en veine variqueuse (une varice est une dilatation associée à une élongation d'une veine qui devient alors tortueuse).

La paroi veineuse

Contrairement à la paroi artérielle qui est épaisse et rigide, la paroi veineuse est fine et élastique. Elle comprend plusieurs tuniques appelées intima, média et adventice.

L'intima est la couche interne de la paroi veineuse qui est en contact avec le sang. On parle aussi d'endothélium. Elle contient des cellules : les cellules endothéliales, véritables usines assurant la vie de la veine. Les valvules sont des replis de l'intima.

La média est composée de fibres musculaires, de fibres élastiques et de fibres de collagène assurant la contraction de la veine et son relâchement. À la différence de l'artère, la veine normale est très distensible : elle peut se dilater, emmagasinant ainsi une grande quantité de sang, puis se vider pour retrouver ainsi son diamètre initial.

L'adventice est la tunique externe qui sépare la veine des tissus voisins au sein desquels elle circule. Elle contient les vaisseaux nourriciers de la veine et des terminaisons nerveuses. Ces nerfs peuvent resserrer ou au contraire détendre la veine : on dit qu'ils agissent sur la tonicité veineuse.

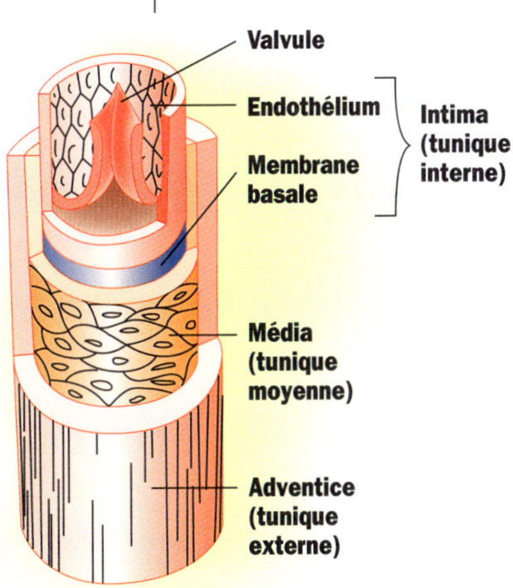

Circulation en sens unique

Le sang circule dans les veines en sens unique : des pieds vers le cœur. Ceci est possible grâce à tout un système associant, de bas en haut : les plantes des pieds, la cheville, les muscles des mollets, les mouvements respiratoires, et bien sûr la paroi veineuse et les valvules.

Pourquoi les veines se dilatent-elles ?

On peut comparer une veine à un ballon gonflable. Au repos, en position allongée, la veine contient peu de sang, elle est aplatie, comme un ballon non gonflé. En revanche, dès que l'on se met debout, la veine se remplit de sang et « gonfle » là aussi comme le ballon rempli d'air. En plus du passage en position debout, d'autres facteurs peuvent dilater les veines : la chaleur, l'alcool, une pression locale trop forte (bottes trop serrées par exemple). Normalement les deux phases « veine plate-veine gonflée » se succèdent harmonieusement mais à la longue, la veine peut rester « gonflée », c'est le passage à la varice.

Le bon retour veineux

Lorsque nous sommes couchés, la circulation se fait lentement. Il n'y a pas de grande différence de pression entre le haut et le bas de notre corps puisque la tête, le cœur et les jambes se trouvent sur un même plan horizontal.

En revanche, lorsque nous sommes debout, la gravité joue et le sang descend brusquement vers le bas. La pression augmente dans les jambes.

Pour faire remonter le sang des pieds vers le cœur, le corps a besoin de tout un système de pompes refoulantes et aspirantes. L'intégrité de chaque élément est nécessaire à un bon retour veineux et inversement la défaillance d'un seul d'entre eux suffit à l'installation de troubles circulatoires.

Les cinq facteurs du bon retour veineux sont les suivants :

- **La plante des pieds :** les nombreuses petites veines et veinules situées dans la plante des pieds se collectent dans des veines plus grosses (les troncs collecteurs) qui sont écrasées à chaque pas et chassent ainsi le sang vers les veines profondes et superficielles des jambes.

- **La cheville :** son intégrité est capitale pour une bonne vidange veineuse. Les autres articulations – genou, hanche – jouent aussi un rôle mais moins important que celui des chevilles.
- **Les muscles des mollets :** leur contraction est bien nette à la marche mais très modérée en station debout. Chaque contraction comprime les veines situées à l'intérieur des muscles. Elles se vident dans les veines profondes. Les muscles des cuisses ont un rôle moins important.
- **La respiration :** alors que le flux artériel est rythmé par le cœur, le flux veineux est rythmé par la respiration. Lors de l'inspiration, la cage thoracique augmente de volume et le diaphragme – muscle séparant le thorax de l'abdomen – s'abaisse. La pression augmente dans l'abdomen, aspirant le sang veineux vers le haut.
- **La paroi veineuse et les valvules :** lors de la contraction des muscles, les veines sont réduites. Elles vont ensuite reprendre leur diamètre normal. Une veine peut se distendre jusqu'à 24 fois plus qu'une artère. Les valvules normales réagissent très bien à ces variations de diamètre et assurent leur fonction de clapet, empêchant le sang veineux de redescendre.

La marche stimule le retour veineux

À chaque appui de pied sur le sol, 30 cm^3 de sang sont éjectés vers les jambes. À l'inverse, si l'on reste debout, immobile, le sang stagne au niveau des pieds et des chevilles. On crée une stase veineuse d'où l'impression de jambes lourdes.

Quand la circulation de retour se fait mal

Les jambes lourdes, les varicosités, les varices, les ulcères, les phlébites sont autant de manifestations de la maladie veineuse chronique.

Des jambes lourdes aux varices

Au tout début de l'insuffisance veineuse, le sang a du mal à remonter et reste dans le bas des jambes. Les veines se dilatent, avec une perte de leur distensibilité et de leur tonicité. Les valvules sont encore efficaces. Cela va se traduire par **une sensation de jambes lourdes et pesantes,** surtout en fin de journée et lorsque l'on reste debout longtemps à piétiner. Les patientes ont l'impression que leurs jambes pèsent 100 kg et qu'elles les traînent comme des boulets...

C'est à ce stade que tous les conseils d'une bonne hygiène de vie associés à un traitement tonifiant la paroi veineuse sont utiles. En revanche, si l'on ne fait rien, l'insuffisance veineuse va s'aggraver et la veine normale va se transformer en veine variqueuse, large et sinueuse. Les valvules veineuses ne vont plus assurer normalement leur rôle de clapet et de ce fait le sang aura davantage tendance à s'accumuler vers le bas des jambes.

Consulter tôt, c'est mieux

Une consultation chez le spécialiste s'impose. Il va établir un portrait robot des veines par un examen clinique minutieux aidé par **l'échographie-Doppler**. Au terme de ce bilan, le phlébologue jugera de la sévérité de la maladie veineuse et décidera du meilleur traitement pour éviter que ces varices ne se compliquent en phlébite ou ulcère en particulier.

Si les hommes avaient des kilts !

L'étude d'Édimbourg est une étude épidémiologique écossaise publiée en 1999. Cette étude de référence, estime que 80 % des hommes et des femmes ont des varicosités. Elles ne sont donc pas l'apanage du sexe féminin comme on a tendance à le croire et si ces messieurs se mettaient à porter des jupes courtes, on verrait bien que sous les poils se cachent des ectasies veineuses !

Toutes les veines superficielles des membres inférieurs peuvent devenir variqueuses. Elles sont bien visibles sur les jambes : les varices de la grande saphène donnent des cordons durs, bien palpables sous la peau tout le long de la face interne de la jambe, depuis la cheville jusqu'à l'aine. Quant aux varices de la petite saphène, comme elles sont situées derrière la jambe, au mollet, elles peuvent être ignorées longtemps et c'est souvent le mari ou la bonne copine qui avertit de leur présence !

Les troncs principaux des veines superficielles peuvent être normaux et les varices n'atteindre que leurs branches : on parle de varices « secondaires » non parce qu'elles sont moins graves, mais en accord avec les termes d'anatomie.

Il n'y a pas que les jambes qui ont des varices

La circulation veineuse ne s'arrête pas en haut de la jambe. Il existe aussi des veines dans le petit bassin : ce sont les veines pelviennes. Elles aussi peuvent devenir variqueuses. Elles ont longtemps été mal connues des médecins, tout d'abord parce qu'elles ne sont pas visibles comme les veines des jambes, mais aussi parce que chez nous les femmes, avoir mal au ventre est tellement habituel que plus personne n'y prête attention ! J'ai même vu des patientes que leur médecin avait adressées en désespoir de cause à un psychiatre, faute d'avoir pensé à une anomalie des veines pelviennes. Or, le diagnostic peut aujourd'hui être très simplement posé : par un seul examen échographique, le même que celui qui est utilisé pour suivre les neuf mois de la vie intra-utérine des bébés.

Les varicosités : bénignes mais disgracieuses

Les varicosités ou télangiectasies sont des dilatations des minuscules veines de la peau. Elles deviennent visibles lorsque leur diamètre atteint 0,1 mm. Minuscules certes, elles n'en causent pas moins un préjudice esthétique considérable pour les femmes qui aiment avoir de belles jambes et les montrer et qui supportent très mal ces petits vaisseaux, en brindille, flammèches ou en nappe diffuse, sur les cuisses ou les jambes. En revanche, elles ne font pas mal et n'évoluent jamais vers les formes les plus sévères de la maladie veineuse chronique, à la différence des varices.

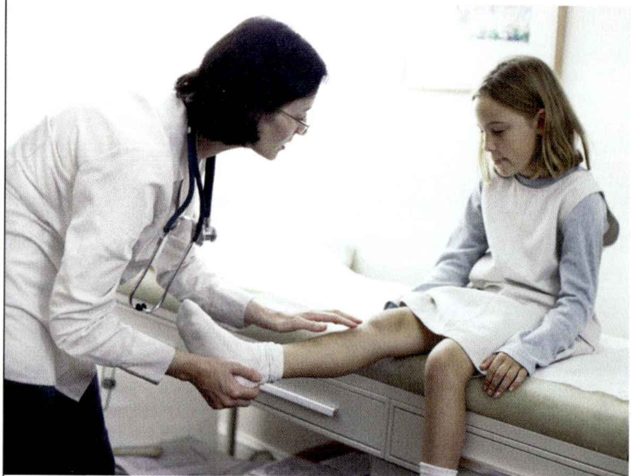

Les varices vues «comme au cinéma»

Pour explorer les veines, l'angéiologue dispose depuis le milieu du siècle dernier d'un outil précieux et irremplaçable, permettant de voir l'ensemble de la circulation : l'échographie-Doppler.

Les formidables performances de cet outil laisseraient penser que l'examen clinique n'a plus d'utilité. C'est faux et archi-faux. La machine la plus perfectionnée ne peut pas remplacer cet examen mais elle permet d'affiner les résultats et de décider du traitement le mieux adapté.

La visite chez le phlébologue

Vous avez des varices et vous consultez votre phlébologue. Il commence par vous poser des questions en rapport avec votre circulation en général – artères et veines. Puis il examine vos jambes, en position allongée, puis en position debout, de manière à bien voir vos dilatations veineuses. Ensuite il réalise l'échographie-Doppler, c'est-à-dire l'association du principe Doppler à l'imagerie par échotomographie (comme celle que l'on utilise pour

Une révolution dans l'imagerie médicale

La mise au point des méthodes d'examen par échographie-Doppler a bouleversé le monde de la médecine cardiovasculaire au cours des 50 dernières années, permettant ainsi d'explorer des territoires artériels et veineux jusqu'alors seulement visibles par des méthodes radiologiques, non dénuées de risque pour le patient.

voir les fœtus). Elle permet de mesurer les vitesses circulatoires mais aussi de visualiser à la fois l'intérieur du vaisseau et ses parois. L'examen est pratiqué en position allongée et debout.

La sonde est déplacée sur tout le trajet des veines profondes et des veines superficielles, depuis les chevilles jusqu'aux veines profondes de l'abdomen (veines iliaques et veine cave inférieure). Le schéma représentant les trajets de ces veines et leurs diamètres en plusieurs points s'appelle une cartographie, document indispensable pour décider du meilleur traitement de ces varices. Ces cartographies faites régulièrement, tous les six mois ou tous les ans, permettent de contrôler l'efficacité du traitement.

Comment ça marche ?

Le vaisseau peut être vu sur toute sa longueur ou en coupe. En fonction du sens de la circulation, la lumière du vaisseau sera de couleur différente : ainsi, la lumière artérielle est rouge, celle de la veine est bleue. Il est donc facile de bien différencier ces deux vaisseaux.

Les valvules veineuses apparaissent comme des petites pattes de mouche battantes dans la lumière veineuse. On pourra apprécier leur épaisseur et surtout leur parfaite fermeture : on presse le mollet en dessous de la zone examinée, si les valvules ferment bien, il n'y a pas de reflux. Dans le cas inverse, le reflux sera visible en échographie avec succession de flux rouges puis de flux bleus traduisant l'inversion du sens du flux.

L'écho-Doppler en pratique

Cet examen est indolore et dénué de risque pour le patient ... comme pour le médecin (il n'y a pas de rayons X, à la différence des radiographies). Il est facilement réalisable au cabinet du médecin spécialiste des vaisseaux. Il dure environ une demi-heure et le patient peut reprendre le cours de ses activités immédiatement. C'est un acte remboursé par la sécurité sociale, comme toute autre échographie.

De Christian Doppler à l'échographie-Doppler

L'Autrichien Christian Johann Doppler (1803-1853) fut le premier à montrer que la fréquence des ondes sonores est affectée par le déplacement relatif de leur source. Il a donné son nom au Doppler, une méthode d'exploration des vaisseaux sanguins (artères et veines) basée sur la réflexion des ultrasons sur des particules en mouvements (globules).

Le mot Doppler désigne soit l'appareil qui sert à faire cet examen, soit l'examen lui-même.

Une varice, ça se traite comment ?

Sclérothérapie ou chirurgie ? On ne peut pas opposer ces deux traitements. Ils ont chacun des indications bien précises et sont très souvent complémentaires.

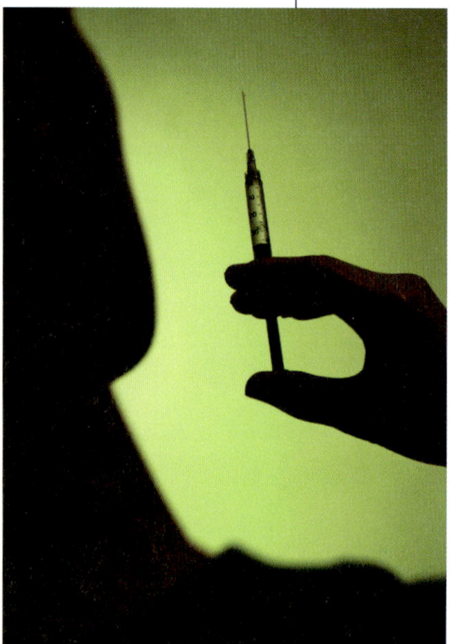

La sclérothérapie

Sous ce nom barbare se cache un traitement utilisé depuis près de 50 ans et créé par les phlébologues français. Il consiste à injecter une solution irritante dans la varice, avec une aiguille très fine. Le produit injecté va provoquer une contraction de la veine malade. Secondairement elle va se boucher puis disparaître. On dit qu'elle se sclérose. Même traitement pour les varicosités : on parle alors de microscléroses en raison de la taille de l'aiguille.

La sclérothérapie s'utilise également pour traiter des varices de gros calibre et les troncs saphènes. L'exploration par écho-Doppler permet de repérer précisément toutes les veines à traiter et les branches principales d'alimentation qui peuvent être sous estimées lors du seul examen clinique. Elle permet aussi de confirmer que l'aiguille d'injection est bien positionnée dans la veine que l'on veut traiter. On parle alors d'écho-sclérose ou sclérose sous contrôle échographique.

La sclérose ne fait pas mal. Elle s'effectue au cabinet du médecin spécialiste et la patiente peut reprendre son activité normale dès la séance finie.
La sclérothérapie des varices n'est qu'un des traitements de la maladie variqueuse. Elle ne saurait les résumer.

Quand la chirurgie s'impose

La chirurgie est réservée aux varices des gros troncs (les saphènes). Elle consiste à retirer la veine malade sur toute sa hauteur (stripping) et à faire une ligature à l'endroit où le tronc superficiel s'abouche dans la veine profonde (crosse).
La sclérose est un complément indispensable de la chirurgie : en effet le stripping enlève les gros troncs saphènes mais n'enlève pas toutes les petites branches secondaires (ou tertiaires). Il est donc nécessaire de réaliser la sclérose de ces petites veines sous peine de voir un réseau veineux se reconstituer à partir de ses petites branches.

Nouveau : les mousses de sclérosant

Depuis quelques années, une nouvelle forme de sclérosant est apparue pour traiter les varices : la mousse de sclérosant (comme la mousse de savon). L'efficacité des sclérosants semble augmentée car le sclérosant, au lieu de se diluer dans le sang, repousse la colonne sanguine et va « brûler » plus intensément la paroi veineuse. L'utilisation de la mousse par le phlébologue requiert une expérience et un savoir-faire qui ne s'improvisent pas. C'est sans doute pourquoi cette technique est encore peu répandue.

Et le laser ?

La tendance, largement diffusée par la presse grand public, est aux interventions qui durent le moins longtemps possible, permettent au patient de rentrer très vite chez lui pour reprendre ses activités, ne font pas mal et ne laissent pas de cicatrices fâcheuses. Il faut savoir que la meilleure méthode, celle qui a actuellement prouvé son efficacité et donné le moins grand nombre de récidives reste encore la chirurgie classique (stripping) faite par un chirurgien expérimenté après un bon repérage des veines malades en échographie. Les méthodes de traitement par laser ou par chauffage des veines sont très intéressantes. Toutefois elles ne sont pas encore prêtes de supplanter le bon stripping. Ce sont peut-être les méthodes d'avenir mais le recul dont nous disposons à l'heure actuelle n'est pas suffisant.

De la jambe lourde
à la cheville qui enfle…

Il y a quelques pas, que nous aimerions, nous phlébologues, ne jamais voir franchir par nos patientes. La jambe lourde est le premier signe du mauvais retour veineux, elle précède l'installation des varices. Le gonflement des chevilles traduit un stade de plus dans la maladie veineuse.

Le sang qui ne peut remonter vers le cœur stagne au niveau des pieds et des chevilles. Les grosses molécules contenues dans le sang ne peuvent pas franchir la barrière endothéliale du fait de leur taille ; en revanche les plus petites molécules et les liquides peuvent sortir hors des capillaires vers les tissus situés sous la peau. D'où le gonflement des tissus mous : c'est l'œdème.

Les jambes de Lucie

Lucie, 54 ans, se plaint d'avoir les chevilles qui « gonflent » en fin de journée ou après être restée assise trop longtemps, surtout lorsqu'il fait chaud et humide. En revanche, le matin au réveil, ses jambes sont normales. Elle a des jambes lourdes depuis plusieurs années mais n'a jamais consulté de médecin pour cela. Elle a aussi des varices qui ne la font pas souffrir.

Mon examen retrouve effectivement un empâtement des chevilles ; une petite séance de cinéma écho-Doppler est justifiée pour préciser l'état de ses veines profondes et superficielles et décider du traitement approprié.

Je la rassure : la contention, quelques conseils hygiéno-diététiques et les médicaments à action veinotoniques joints au traitement des varices vont venir à bout de ses œdèmes.

Œdème veineux ou œdème lymphatique : le dilemme

Tina, 25 ans, vient me voir pour une « mauvaise circulation veineuse ». Elle se plaint surtout d'un gonflement du dessus du pied gauche « en œuf de poule », ce qui la gêne pour mettre ses chaussures. Il augmente en fin de journée et ne diminue pas en position allongée. À l'examen il n'existe aucune varice ni même varicosité. L'œdème atteint aussi les orteils qui paraissent boudinés. En interrogeant Tina, on apprend que cet œdème a commencé très progressivement ; elle l'a remarqué après les vacances, alors qu'elle s'était fait une petite entaille sous le pied en marchant sur des rochers. Tous ces signes joints à l'absence de varices, évoquent un œdème lymphatique.
La compression, les drainages et des médicaments actifs sur la perméabilité des vaisseaux doivent venir à bout de ces œdèmes.
Très souvent un œdème est étiqueté œdème veineux alors qu'il s'agit en fait d'une insuffisance lymphatique. Rappelons, pour compliquer un peu le problème, que le système lymphatique participe aussi à la circulation de retour et transporte surtout les grosses molécules. Il est aussi sollicité dans l'insuffisance veineuse et très souvent débordé : ainsi, les œdèmes sont très souvent à la fois veineux et lymphatiques.

L'œdème a de multiples origines

Les œdèmes des membres inférieurs ne sont pas tous d'origine veineuse, ils peuvent aussi être secondaires à d'autres pathologies : rhumatismale, lymphatique, cardiaque, rénale ou hépatique.

Drainage lymphatique manuel

Le drainage lymphatique manuel effectué par un kinésithérapeute permet de lutter contre l'œdème lymphatique qui est parfois associé à l'insuffisance veineuse. Lors d'un drainage, les trajets des collecteurs lymphatiques sont massés de façon manuelle, lentement et avec peu de pression.

Une histoire de varices qui tourne mal : la phlébite

Une phlébite doit être traitée vite et bien au risque de mettre la vie en danger.

Bernadette, 60 ans, des douleurs à la jambe

Bernadette, 60 ans, n'a jamais fait attention à ses jambes. Elle a des varices de la jambe gauche depuis plus de 20 ans mais ne s'est jamais fait traiter. Seulement aujourd'hui, elle s'inquiète : elle vient de voyager sept heures en autocar et sa jambe s'est mise à enfler, elle est devenue rouge et chaude, avec une douleur sur tout le trajet de ses varices.

Quant elle arrive à mon cabinet, le diagnostic de thrombose variqueuse ne fait aucun doute. La peau en regard de la varice est rouge, luisante et il existe un cordon très dur et très douloureux sur le trajet de la veine superficielle de sa jambe gauche (grande saphène).

Je préfère effectuer une échographie de l'ensemble de ses veines profondes et superficielles car très souvent la phlébite d'une veine superficielle est « l'arbre qui cache la forêt », c'est-à-dire qu'il peut aussi s'être formé un caillot dans une veine profonde. Ce n'était pas le cas ici. On va d'abord traiter cette thrombose en dissolvant le caillot. Dans un second temps, il restera à expliquer à Bernadette la nécessité de traiter efficacement ses veines variqueuses.

Pourquoi Bernadette a-t-elle eu une phlébite ?

D'une part, elle a des varices non traitées et anciennes, témoignant d'une stase veineuse. D'autre part, elle est restée longtemps assise dans un autocar et cela a encore augmenté la stase veineuse.

Enfin, rappelons-nous que la paroi des veines, et en particulier l'endothélium, joue un rôle important dans le maintien de la fluidité du sang. Lorsqu'il existe des varices, l'endothélium fabrique des substances favorisant la formation du caillot.

La phlébite est-elle dangereuse ?

La réponse est oui parce que le caillot peut bouger, se détacher de la paroi et migrer, d'une veine superficielle dans une veine profonde, puis ensuite être emporté par la circulation vers le cœur. Là il peut gagner les poumons, en empruntant les artères pulmonaires qui se divisent en de multiples petites artères de très petit calibre, susceptibles de bloquer le caillot. C'est ce que l'on appelle l'embolie pulmonaire, avec sa conséquence : l'infarctus pulmonaire. Il peut être mortel. Rappelons qu'en France, l'embolie pulmonaire est la troisième cause de mortalité. Ceci explique la nécessité de traiter toute phlébite vite et bien.

Varices primitives et secondaires

Quand un caillot bouche une veine profonde, tout le sang passe dans les veines superficielles qui vont alors se dilater, d'où l'apparition de varices. On parle de « varices secondaires » par opposition aux varices « primitives ». L'examen clinique seul est insuffisant pour différencier les premières des secondes. Seule l'échographie-Doppler permet de les diagnostiquer.

De quoi est fait un thrombus ?

Les différentes cellules du sang participent à la formation du thrombus, en particulier les globules rouges et les plaquettes. Le caillot se forme au contact de la paroi d'un vaisseau – artère ou veine – qu'il va progressivement obstruer. Sous l'effet d'un traitement anti-coagulant, le caillot va se dissoudre et progressivement disparaître.

Qui voit ses veines voit ses peines

Une mauvaise circulation veineuse et les tissus sous la peau souffrent : eczéma variqueux, dermite, ulcère... les répercussions peuvent être plus ou moins graves.

Yvette, 70 ans, des sensations de brûlures

Yvette, 70 ans, a des varices depuis longtemps. Elle ne les a jamais fait soigner parce que cela ne lui faisait pas mal et puis elle habite la campagne, loin de tout spécialiste. Seulement, depuis quelques semaines, elle a mal aux jambes avec une impression de brûlures, particulièrement nette la nuit, de plus cela la démange et la gratte. Elle a peur « de faire un ulcère. »

À l'examen, ses jambes ne sont pas très belles : non seulement elle a des varices, avec des œdèmes, mais en plus elle a un eczéma variqueux. Il est dû à une mauvaise irrigation de la peau, là encore imputable à l'accumulation de sang pauvre en oxygène dans le bas des jambes, avec une inflammation de la paroi de la veine.

La journée de la jambe

Des règles de prévention associées aux traitements des veines malades évitent le passage aux formes les plus sévères mais cela demande aussi que le patient soit bien informé. Les responsables de la Santé insistent sur l'intérêt de l'éducation des patients présentant une maladie chronique, mais les programmes d'information et d'éducation sur les maladies veineuses chroniques manquent, contrairement à ce qui est fait pour d'autres affections chroniques, telles que le diabète, les rhumatismes ou la bronchite chronique. C'est pour répondre à cette carence que la Société Française d'Angéiologie a décidé d'organiser une « journée de la jambe » en 2003, bien entendu ouverte au grand public. Elle sera répétée tous les ans, comme la journée du cœur ou de l'hypertension artérielle.

Des soins longs et coûteux

La stase veineuse provoque au fil des ans un changement de couleur de la peau avec apparition de taches rouges puis brunes. La peau va ensuite se rétracter, enserrant le bas de la jambe comme des guêtres. Elle devient très fragile et il suffit alors d'un petit traumatisme ou d'une infection locale pour qu'apparaisse un trou : l'ulcère. Il peut survenir aussi très insidieusement avec une croûte persistante dans la région de la cheville ou juste au dessus, qui un beau matin, disparaît pour laisser place à un trou.
Le traitement de l'ulcère nécessite des soins longs, coûteux, qui ne peuvent être bien réalisés que par un spécialiste. Il faut en moyenne 5 à 6 semaines pour arriver à une cicatrisation complète de l'ulcère qui laisse place à une cicatrice bien visible.

Les différents stades de la maladie veineuse chronique

Il fallait y penser, mais il a fallu de nombreuses réunions d'experts du monde entier pour que finalement tout le monde parle le même langage et que l'on puisse classer ces différents aspects de la maladie veineuse chronique.
Stade 0 = aucun signe visible de maladie veineuse, mais jambes lourdes.
Stade 1 = varicosités.
Stade 2 = varices.
Stade 3 = œdème veineux.
Stade 4 = troubles de la peau (dermite ocre, eczéma).
Stade 5 = stade 4 + cicatrice d'ulcère.
Stade 6 = stade 4 + ulcère « actif ».

Une personne sur cent

La maladie veineuse atteint plus d'une personne sur deux, les ulcères heureusement ne touchent qu'une personne sur 100. Il est impossible de prédire quelles sont les varices qui vont s'aggraver et celles qui ne se compliqueront pas. D'où la nécessité d'instaurer des règles de prévention chez tous les variqueux.

Des jambes à la peau d'orange

Les jambes lourdes sont le premier signe d'une mauvaise circulation veineuse. Cependant, vous pouvez avoir les jambes lourdes pour d'autres raisons.

Une bonne circulation, mais des jambes lourdes quand même

Il existe au moins quatre situations qui peuvent conduire à une mauvaise circulation veineuse :

- **Les voûtes plantaires** sont affaissées : la remontée veineuse commence mal. Idem avec des pieds creux ou des déformations des orteils en « marteau ». Ainsi l'examen au cabinet du phlébologue commence par une bonne inspection des pieds et conduit souvent chez le podologue.
- **L'articulation de la cheville** fonctionne mal, que ce soit du fait du port de talons trop haut ou d'une fracture ancienne – et a fortiori récente.
- **Une mauvaise musculature,** en particulier aux mollets. C'est ce qui arrive après un accident – fracture des os de la jambe par exemple avec une fonte musculaire rapide, et en fait chez tous ceux qui restent trop souvent assis ou couchés et « oublient » de pratiquer un exercice physique régulier.
- L'augmentation du tissu adipeux **(cellulite)** qui comprime à la fois les muscles qui se contractent moins bien et aussi les veines, favorisant la stase veineuse, d'où la sensation de jambes lourdes.

Si vous avez des varices et une cellulite, demandez toujours un avis à votre phlébologue avant d'entamer un quelconque traitement de votre cellulite.

Œdème veineux ou cellulite ?

Très fréquemment des patientes viennent me voir parce qu'elles ont les jambes lourdes avec de « grosses jambes ». Pendant des années elles ont avalé des pilules pour la circulation mais cela ne les soulage pas du tout. L'examen clinique suffit à innocenter la circulation veineuse : elles n'ont pas de varices, leur peau a une couleur correcte sans dermite ocre ni cicatrice d'ulcère. En revanche, il existe une cellulite particulièrement nette sur le bas des jambes et aux genoux, en culotte de « zouave ».

Mon écho-Doppler confirme l'absence de dilatation et de reflux veineux. Il s'agit donc bien d'un œdème cellulitique : on parle dans ces cas là de lipœdème.

Il peut aussi exister les deux : pathologie veineuse et cellulite… rendant le traitement plus complexe mais il y a toujours moyen de soulager ces patientes qui ont souvent vu plusieurs médecins et finissent par perdre espoir.

La cellulite : signe extérieur de féminité

C'est ce que je dis souvent à mes patientes et cela les console un peu. Il faut bien sûr différencier les petits dépôts de cellulite quasiment toujours retrouvés sur les cuisses des femmes – la classique culotte de cheval – des masses adipeuses diffuses sur toutes les jambes, qui compriment les veines et freinent la circulation de retour.

De quoi est faite la cellulite

Elle comprend deux constituants normaux de la peau : les cellules adipeuses (adipocytes) et le tissu conjonctif. Tous deux ont subi des modifications : les adipocytes sont hypertrophiés et le tissu conjonctif est hypervisqueux. On ignore comment et pourquoi ces transformations apparaissent, mais on sait qu'elles se produisent pratiquement chez toutes les femmes.

La peau en regard du bassin ou des cuisses devient plus épaisse, très sensible quand on la touche et a fortiori si on la pince. Elle est aussi moins mobile. Elle évoque une « peau d'orange » ou « un capiton ».

Crampes : penser aux médicaments

Si vous vous plaignez de crampes nocturnes fréquentes, le médecin devra passer en revue tous les médicaments que vous prenez, sur ordonnance ou en auto-médication. Il peut exister des effets indésirables dus à l'association de plusieurs médicaments, sans que vos varices ne soient en cause. Et puis, comme nous sommes en France, n'oublions pas le verre de vin blanc de trop, qui a plus mauvaise réputation vis-à-vis de la crampe que le vin rouge.

Quand les jambes sont douloureuses

Une personne sur deux qui vient me consulter se plaint d'avoir mal aux jambes : impression de chaleur, fourmillements, démangeaisons, crampes ou encore « impatiences » nocturnes. Les veines ne sont pas toujours en cause.

La plupart de ces symptômes se retrouvent dans d'autres troubles qui n'ont rien à voir avec la circulation veineuse. Le rôle du phlébologue est justement de déterminer l'origine de la douleur – veineuse ou non – et de la traiter correctement.

Crampe nocturne ne signifie pas insuffisance veineuse

Selon le dictionnaire, une crampe est « une contraction douloureuse, involontaire et passagère d'un muscle ». C'est un symptôme très fréquent : plus d'une personne sur trois est réveillée par une torsion douloureuse des muscles des

mollets. Souvent le simple fait de s'asseoir au bord du lit et de taper du pied suffit à la faire disparaître permettant un retour rapide sous la couette.
S'il est vrai que les crampes des mollets sont plus fréquentes chez les variqueux, toutes les crampes nocturnes ne sont pas d'origine veineuse. Très souvent des anomalies des voûtes plantaires sont en cause. Ainsi la simple correction d'un affaissement plantaire fera disparaître cette fâcheuse douleur qui vous réveille la nuit et peut, à la longue, vous empêcher de dormir.

Un manque de calcium ou de magnésium peut également être à l'origine de crampes. Si vous êtes traitée par diurétiques, on pensera éventuellement à une chute du potassium et si la prise de sang confirme cette hypokaliémie, il suffit alors de manger une banane, fruit très riche en potassium, ou de prendre un complément de bicarbonate de potassium (en pharmacie), pour que les crampes disparaissent.

Traiter la douleur

Les douleurs d'origine veineuse sont nettement améliorées par les médicaments veinotoniques, la contention veineuse, le respect des règles de « bonne circulation » et par le traitement des varices éventuellement retrouvées à l'examen clinique et à l'échographie-Doppler.

Comment reconnaître les douleurs d'origine veineuse

Elles surviennent lors d'une immobilité prolongée, assise ou debout.
Elles s'accentuent tout au long de la journée.
Elles diminuent en position allongée, mais peuvent aussi gêner le sommeil avec impression de jambes bouillonnantes.
Elles sont plus fréquentes par temps chaud et orageux, donc plus fréquentes l'été que l'hiver.
Elles peuvent suivre le trajet d'une veine de la jambe, pouvant évoquer un caillot (thrombose). Le diagnostic sera confirmé ou réfuté par l'échographie-Doppler.
Elles s'accompagnent d'autres signes témoignant d'une mauvaise circulation veineuse : varices ou varicosités, gonflements des chevilles et des pieds, voire des troubles de la coloration des membres inférieurs avec possibilité de dermite ocre, d'eczéma, d'ulcères...

VOS VEINES DE 7 À 77 ANS

Les enfants

Nous ne naissons pas tous avec le même capital veineux : certains feront des varices d'autres non… et l'expression bien connue des parieurs : « avoir de la veine » n'est pas aussi dénuée de sens qu'elle y paraît.

De la même façon que l'on naît avec des cheveux blonds ou bruns selon ses géniteurs, on naît avec de bonnes veines ou des veines plus fragiles. Tout ce qui arrivera ensuite dans la vie ne vient que favoriser ou retarder l'apparition des varices.

Dépistage conseillé

Le Dr Michel Schadeck, secrétaire général de la Société Française de Phlébologie est bien connu pour ses travaux chez les enfants de famille à haut risque veineux (père et mère et collatéraux variqueux). Ainsi, un jour a-t-il été amené à voir des enfants de 10-11 ans. Leurs parents, tous deux traités pour des varices, voulaient savoir si leurs enfants présentaient des risques de maladie veineuse. L'échographie-Doppler a mis en évidence quelques anomalies de la circulation veineuse, en particulier un reflux sur les grandes saphènes.

À ce stade et compte tenu de la fragilité familiale, il ne faut pas attendre l'apparition de varicosités pour prendre en charge la mauvaise circulation de ces enfants et le traitement des reflux par sclérose est la meilleure manière de prévenir l'apparition ultérieure de varices. Là encore, on ne peut que prôner le dépistage très précoce de la maladie veineuse.

L'importance de l'hérédité

Il a fallu attendre la fin du siècle dernier pour entreprendre des études familiales rigoureuses s'intéressant à la survenue de varices chez des enfants dont le père ou la mère présentaient eux-mêmes des varices. L'étude française d'André Cornu-Thénard, publiée en 1995 dans *Phlébologie Annales Vasculaires* a fait le tour du monde et ses conclusions parlent d'elles-mêmes : « *Si vous avez des varices et votre mari aussi, vos enfants ont 9 chances sur 10 d'avoir des varices ; si vous seule avez des varices, votre fille aura 6 chances sur 10 d'avoir des varices et votre fils seulement 3 sur 10.* »

Gare aux coups !

Voici un autre cas : le jeune Sébastien, 16 ans, est amené par ses parents à mon cabinet. Il présente une volumineuse dilatation de sa veine petite saphène (une veine superficielle du mollet) avec une impression de jambe lourde et une douleur dès qu'il force un peu trop en faisant du sport ou s'il reste assis trop longtemps. Et puis cela le complexe lorsqu'il est en short.

Aucun antécédent de varices dans la famille. En interrogeant bien Sébastien, il me fait part d'un traumatisme sur cette jambe à l'âge de 7 ans, avec rupture du tendon d'Achille. L'échographie fait apparaître une énorme varice, de diamètre 3 fois supérieur à la normale, vraisemblablement secondaire au traumatisme d'il y a 10 ans et méritant d'être traitée comme toute varice. Il faut enlever cette veine qui gêne ce jeune homme dans son activité quotidienne et qui de toute façon ne pourra pas disparaître toute seule. Il y a aussi le risque de rupture si jamais il recevait un coup trop violent sur cette veine fragilisée. Chez l'enfant ou l'adolescent, les coups fréquemment reçus dans les cours de récréation ou lors de la pratique d'un sport, peuvent déclencher des varices.

Hérédité variqueuse ou traumatismes locaux = risque de varices dès l'enfance.
Prise en charge précoce = meilleure façon d'éviter la maladie veineuse chronique.

La jeune fille qui vivait dangereusement

Pilule et tabac : deux mauvaises nouvelles pour les veines, comme le montre le cas de Stéphanie.

Complexée en maillot de bain

Stéphanie, 20 ans, vient me voir parce qu'elle a peur d'avoir une « mauvaise circulation ». Elle a les jambes lourdes en fin de journée. Et puis elle a froid aux mains et aux pieds avec une peau marbrée dès qu'elle reste longtemps debout.

Elle fume, prend la pilule, marche peu et ne fait aucun sport. Son poids est correct et bien stable avec une alimentation saine et sans alcool. Elle ne porte pas de talons hauts ni de vêtements trop serrés.

Ses parents n'ont pas de varices.

Elle n'a jamais consulté de médecin pour ses problèmes de jambes mais voudrait surtout être rassurée sur l'état actuel de sa circulation et sur les risques d'aggravation ultérieure. Elle aimerait bien aussi être débarrassée de ces varicosités qui la complexent lorsqu'elle est en maillot de bain.

Stéphanie a de la chance…. Elle n'a pas une lourde hérédité variqueuse, pas d'excédent de poids et respecte les interdits alimentaires ou vestimentaires !

Pourtant, elle vit dangereusement car l'association pilule-tabac est très mauvaise pour ses vaisseaux. Son score veineux est déjà de 4 *(voir page 14)*.

Le tabac, ennemi numéro 1 de nos vaisseaux

Les femmes ont des artères plus petites que celles des hommes ; or la cigarette a le même effet sur les vaisseaux que le citron sur une huître : il les rétracte. Imaginez ce que cela donne sur les petites artères des bouts des doigts et des bouts des pieds et ne vous étonnez pas après d'avoir froid aux extrémités ! Mais imaginez aussi ce que cela peut donner sur les petites artères du cœur, du cerveau et de la peau. Mauvaise irrigation précoce assurée. La peau devient violette ou marbrée, surtout en position debout.

Quant aux veines, souvenez-vous que les cellules de leur paroi sont les mêmes que celles des artères. Le tabac est un oxydant très toxique pour l'endothélium veineux. Il va altérer la constitution des parois veineuses : d'où jambes lourdes, varicosités...

Enfin, le tabac agit sur la fluidité du sang et favorise la formation de caillot avec un risque plus élevé de thrombose artérielle et veineuse chez les fumeurs.

Phlébite et pilule

La presse grand public donne aussi très souvent des informations sur le risque de phlébite sous pilule... Je ne peux que rappeler que les pilules contraceptives ont beau en être à la troisième génération, elles n'en favorisent pas moins la survenue de phlébite, en particulier si elles sont associées au tabac.

Je vais donc expliquer tout cela à Stéphanie et puis la rassurer sur son capital veineux. Une hygiène de vie revue et corrigée avec la suppression du tabac sera de rigueur.

Phlébite : les circonstances favorisantes

La phlébite survient souvent dans des circonstances particulières. Les accidents de ski m'apportent chaque année des jeunes patientes de 16 à 20 ans qui, après une fracture du tibia ou du péroné, ont une grosse jambe douloureuse. Le risque est nettement plus grand chez les jeunes fumeuses sous pilule. Un voyage en avion dans un pays lointain (plus de 5 h de voyage) constitue aussi une situation à risque : la position assise recroquevillée et la pressurisation de la cabine favorisent les thromboses.

En attendant bébé

Durant la grossesse le volume de sang augmente pour pouvoir alimenter le placenta, ce qui intensifie la pression dans les veines et ralentit la circulation sanguine particulièrement au niveau des jambes.

Derniers mois de grossesse

Pratiquement toutes les femmes enceintes ont les jambes lourdes ou mal aux jambes surtout au cours des derniers mois de la grossesse. Beaucoup voient aussi apparaître des varicosités ou des varices sur les jambes, en haut des cuisses et même au niveau des organes génitaux *(lire encadré)*. Tous ces signes peuvent disparaître après l'accouchement, mais ils peuvent aussi subsister, en particulier si les grossesses se répètent.

L'influence des hormones

Les ovaires produisent des hormones sexuelles : estrogènes et progestérone.

Il existe dans la paroi des veines des zones particulièrement sensibles à l'impact des estrogènes ou de la progestérone et capables de déclencher une dilatation des veines avec perte de la tonicité. Ces récepteurs vont être particulièrement stimulés lors de la grossesse.

Ajoutez à cela, la croissance du fœtus qui va comprimer les veines du petit bassin, et de ce fait gêner la circulation de retour et vous comprendrez comment s'expliquent les jambes lourdes de la femme enceinte. La prise rapide des kilos n'arrange bien sûr pas les choses !
Le ventre s'arrondit et la circulation sanguine se modifie. Grâce à l'échographie, on a pu observer que le diamètre des veines superficielles augmente pendant la grossesse. Une grande saphène passe de sa taille normale (moins de 4 mm en moyenne) au double voire plus. Si elle est de bonne qualité et bien tonique, elle reprendra son diamètre initial après l'accouchement. Mais en fait très souvent il faut attendre le retour de couches.
Ainsi aux jeunes mamans qui viennent me voir moins de 3 mois après la naissance de leur bébé, je conseille de ne pas s'affoler parce qu'elles ont encore des veines très dilatées et je préfère attendre encore six mois avant toute décision thérapeutique.

Debout très vite

L'échographie a aussi permis de reconnaître une autre modification de la circulation veineuse pendant la grossesse et plus particulièrement dans les derniers mois : le sang circulant, qui normalement n'est pas visible en échographie, semble faire des volutes à l'intérieur de la veine. Cela traduit une stase circulatoire et nous savons que le ralentissement de la circulation veineuse est l'une des causes des thromboses. Les phlébites chez les femmes enceintes et surtout dans les jours qui suivaient l'accouchement étaient bien connues de nos grands-mères. De nos jours, on lève les accouchées très vite et cela évite la formation des caillots dans les veines des jambes.

Les varices vulvaires

Elles sont soit de petite taille soit énormes, déformant la vulve (organe génital externe). Elles se traduisent par une sensation de pesanteur du bas ventre, vive en position debout et calmée par le repos allongé. Si elles sont énormes, la sclérose est conseillée.

Tout pour activer la circulation

Dormir les jambes surélevées.

Faire le maximum d'exercice physique, surtout avec les jambes.

Porter des chaussettes ou des bas de contention (les collants sont plus difficilement supportés car ils risquent de trop comprimer l'abdomen).

Ne pas prendre trop de poids.

La femme active

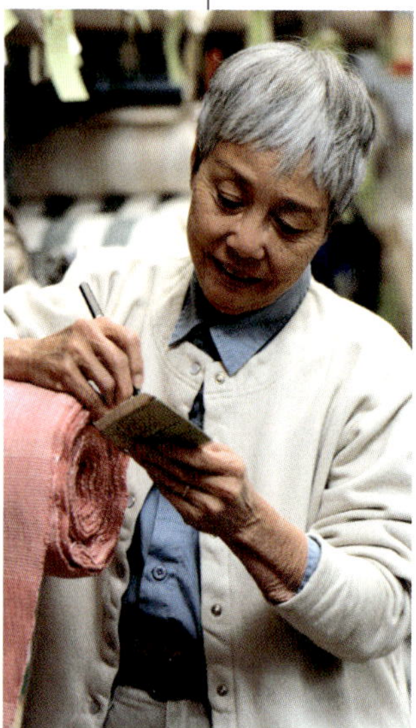

Piétiner fatigue, que ce soit dans le métro, l'autobus, en faisant les courses, dans les soirées, les cocktails ou au travail...Debout 8 heures par jour, songez à ce qu'endurent les jambes !

Une vendeuse pas très sportive

Mélina, 45 ans, vendeuse dans un grand magasin, vient me voir parce qu'elle a très mal aux jambes : en plus de la sensation de jambes de plomb en fin de journée, elle a depuis quelques semaines des douleurs derrière les mollets. Une de ses amies vient d'avoir une phlébite et elle craint d'avoir la même chose, surtout qu'elle a des varices qui n'ont jamais été traitées.

Elle a eu 2 enfants, son poids est correct, elle ne fume pas, ne boit pas, mange sainement, ne pratique pas de sport violent, marche très peu. Elle travaille debout.

Le veinotonique n'est pas un médicament de confort

Les femmes qui travaillent sont beaucoup plus demandeuses que les autres de veinotoniques et on peut se demander si l'arrêt du remboursement de ces médicaments, comme cela est actuellement envisagé, ne va pas affecter une catégorie de femmes disposant de peu de moyens financiers et souffrant réellement de leurs jambes. **Pour elles, le veinotonique n'est pas un médicament de confort !**

De temps en temps elle met des collants de contention qui la soulagent en fin de journée. Elle prend d'elle-même des gélules de vigne rouge – plante veinotonique par excellence. Ses sœurs et sa mère ont des varices… Bref elle a un score veineux de 5, ce qui n'est pas si mal que cela.

Marcher une heure

Je commence donc par la rassurer, d'autant que ses jambes sont correctes, sans œdème des chevilles ni gonflement du mollet. Elle a quelques varices.
Ses douleurs sont apparues après une randonnée d'une vingtaine de kilomètres par des chemins escarpés.
Elles ne sont pas d'origine veineuse, mais vraisemblablement musculaire, liées à cet effort inhabituel. Un peu d'aspirine joint à un gel anti-inflammatoire sur ses jambes va très vite calmer ses douleurs.
Je l'encourage à continuer la contention et la phytothérapie qui favorisent la circulation de retour et sont particulièrement conseillées à toutes celles et ceux qui travaillent debout. Marcher chaque jour une bonne heure devrait améliorer encore sa circulation et éviter les douleurs dans les mollets.

Métiers à risque

En 1975, 59 % des femmes travaillaient en dehors de chez elles ; elles sont 80 % aujourd'hui. Les professions préférentiellement occupées par les femmes sont celles de vendeuses, employées de bureau, coiffeuses, infirmières, caissières, bref des postes qui demandent une position assise ou debout prolongée.
La maladie veineuse survient plus souvent chez les femmes qui travaillent debout ou assises. Elle est plus sévère si ce travail est effectué depuis longtemps, si la patiente a eu plusieurs grossesses et si ses parents ont des problèmes de jambes. Les professions les plus à risque sont celles qui demandent le port de charge d'au moins 10 kg, celles qui s'exercent dans un environnement dont la température moyenne est supérieure ou égale à 26 °C, celles qui requièrent la station debout.

« On ne peut qu'encourager les campagnes de prévention des maladies veineuses »

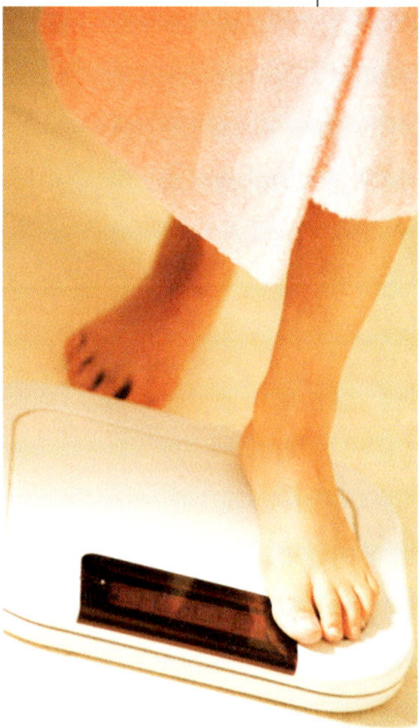

Quand la balance penche du mauvais côté

Quand les varices vont de pair avec le surpoids, les douleurs dans les jambes s'intensifient.

Joëlle, 45 ans, infirmière

Joëlle a des jambes lourdes, pesantes. Elles sont enflées en fin de journée mais au matin reprennent leur aspect normal. Elle a pris plus de 20 kilos en 10 ans, depuis sa dernière grossesse. Elle a eu 3 enfants. Elle présente un excès de poids net avec un IMC égal à 28. Elle n'aime pas le sport mais marche tous les jours environ une heure pour se rendre à son travail. Elle ne porte pas de talons hauts ni de vêtements serrés. Elle aime bien le champagne et les plats pimentés, mais ne fume pas. Elle s'inquiète pour sa circulation.

Le simple fait de mesurer son score veineux qui est de 7 la rassure… Je lui explique que ses jambes lourdes et ses œdèmes de fin de journée diminueraient vite si elle perdait quelques kilos. Elle a cependant pas mal de cellulite et les voies lymphatiques sont dilatées, ce qui me permet de penser que ces œdèmes sont à la fois d'origine veineuse et lymphatique.

Des drainages lymphatiques joints à la contention doivent l'aider. Pour le reste, je lui conseille d'éviter tous les excitants et je l'adresse à un nutritionniste afin de trouver un régime adapté et sans risque.

Maigrir, oui, mais pas n'importe comment !

Évitez surtout sauna et hammam qui, comme toute source de chaleur, dilatent vos veines. Ne recommencez pas à fumer en pensant que le tabac vous empêche de grossir. Pensez à la paroi qui tapisse l'intérieur de vos veines et de vos artères. Elle se porte beaucoup mieux quand vous ne fumez pas.

Surpoids et douleurs

Les patients obèses n'ont pas plus de varices que ceux de poids normal. En revanche ils ont très souvent des douleurs de jambes qui sont parfois prises à tort pour une maladie veineuse. Le fait d'avoir des varices et de prendre du poids accroît souvent les douleurs des membres inférieurs, avec sensation de jambes lourdes, pesantes, qui enflent en fin de journée.
L'obésité est un facteur de risque de la thrombose et ceci est encore plus net chez le patient alité ou opéré, d'où également une augmentation du risque de varices secondaires à une phlébite chez les obèses.

Qui doit perdre du poids?

La méthode universellement utilisée pour apprécier un excès de poids est la mesure de l'indice de masse corporelle (IMC). **L'IMC = poids (kg)/taille^2.**

- Votre IMC est inférieur à 18,5 :
attention **vous êtes trop maigre !**
- Votre IMC est compris entre 18,5 et 24,9 :
votre poids est normal. Vous êtes mince.
- Votre IMC est compris entre 25 et 29,9 :
vous êtes en surpoids.
- Votre IMC est compris entre 30 et 34,9 :
obésité modérée
- Votre IMC est supérieur à 35 :
obésité sévère (au-delà de 40, obésité morbide).

Exemple : vous mesurez 1,65 m et pesez 65 kg, votre IMC est de 65/2,72 soit 23,9.
Vous faites donc partie des « minces » même si cela vous étonne un peu. Bref, gardez votre bonne humeur mais ne prenez pas le kilo qui vous ferait passer dans la catégorie « surpoids » !

Les chiffres de l'obésité

Selon l'enquête ObEpi/SOFRES menée en 1997 auprès de 30 921 Français de plus de 15 ans, 37 % de la population française a un IMC supérieur à 25 et **3 à 3,5 millions d'adultes sont obèses.**
En terme d'évolution, les études montrent une tendance à la hausse surtout chez les femmes pour qui le pourcentage d'obèses est passé de 5,4 à 10,1 % entre 1980 et 1996 (6,7 à 8,6 % pour les hommes dans la même période).

Quand les hormones font défaut

Les veines sont sensibles aux hormones. Si la grossesse, grande débâcle hormonale, signe souvent le début de la maladie veineuse, on peut s'attendre à ce que la ménopause soit plutôt une bonne nouvelle pour nos vaisseaux. Qu'en est-il en réalité ?

Pas si simple car très souvent la femme ménopausée, pour un meilleur confort et une meilleure qualité de vie, continue généralement à prendre des hormones par le biais du traitement hormonal substitutif (THS). Donc pas de surprise, la femme ménopausée sous THS va avoir un risque veineux.

Le phlébologue et le gynécologue travaillent de plus en plus en collaboration afin de trouver le traitement qui permettra à la femme de se sentir bien dans son corps, de rester belle et désirable aussi longtemps que possible, sans « entamer son capital veineux ».

Le THS fait-il grossir ?

La relation entre poids, veines et ménopause reste très controversée. La femme a tendance à prendre du poids lorsque ses règles cessent mais il arrive aussi qu'une femme dont le traitement hormonal est mal dosé se sente « gonflée ». En fait, certaines études montrent que la prise de poids est moins importante chez les femmes qui prennent un traitement hormonal substitutif. Peut être est-ce parce qu'elles se sentent mieux dans leur peau, sans les bouffées de chaleur et le cortège de désagréments qui accompagnent la ménopause mais peut-être aussi parce que le THS les encourage à poursuivre un régime plus strict.

Une mamie fringante et soucieuse de le rester

Roberte, 60 ans, est ménopausée depuis dix ans. Son traitement hormonal lui réussit très bien, mais elle a pris quelques kilos et trouve ses jambes trop grosses et lourdes en fin de journée.
Je lui trouve quelques varices qui pourront être sclérosées et lui donne mes règles de bonne circulation.
Le traitement hormonal est bien supporté chez elle et dans l'état actuel de nos connaissances, il semblerait qu'un traitement bien adapté et bien surveillé soit bénéfique pour la peau, les os et les articulations. Il n'y a donc aucune raison de priver cette patiente d'un traitement qui la satisfait.
Je lui conseille simplement quelques exercices physiques qui feront maigrir ses jambes sans augmenter ses varices.

Les varices ne sont pas une contre-indication au THS

Mes conseils seraient tout autres si Roberte avait eu des phlébites. En effet, l'antécédent de thrombose constitue une contre-indication pour tout traitement hormonal, quel qu'il soit.
Les varices sans antécédent de phlébite ne sont pas une contre-indication au traitement hormonal. En revanche, s'il s'agit de varices secondaires à une phlébite, là le traitement hormonal est contre-indiqué.

Chaque femme est un cas particulier

Ainsi, le traitement hormonal de la ménopause chez la femme qui a une mauvaise circulation veineuse se discute au cas par cas, en tenant bien compte du passé veineux de chaque patiente et des résultats de l'échographie. Il peut occasionner des jambes lourdes, mais nous avons à notre disposition de nombreux moyens pour y remédier.

Jambes lourdes : le THS montré du doigt

Le traitement hormonal de la ménopause est souvent rendu responsable de l'aggravation des jambes lourdes, mais aussi des varicosités. On sait que la progestérone dilate les veines, donc les empêche de bien se contracter, ce qui freine le retour veineux et favorise la stase. L'association aux traitements de la circulation limite ses effets.

70 ans et plus…

La femme de plus de 70 ans est de plus en plus soucieuse de son esthétique. Il est tout naturel qu'une grand-mère qui part en vacances au bord de la mer avec ses petits enfants ou a fortiori son petit ami souhaite avoir des jambes présentables lorsqu'elle se mettra en maillot de bains.

Médicaments : risques d'interaction

Si le risque de maladie veineuse augmente avec l'âge, celui d'autres maladies augmente aussi : maladies cardiaques, rhumatismales, rénales… Ainsi très souvent, ces patients de plus de 70 ans ont plusieurs maladies associées – comme Élodie et ses vertiges. Il faut toujours penser à cela et ne jamais donner un traitement sans tenir compte d'éventuels autres traitements. D'autant que nos mamies aiment bien leurs recettes du siècle dernier et très souvent un interrogatoire quasi policier nous amène à découvrir qu'elles avalent un nombre considérable de molécules dont l'association n'est pas toujours une réussite.

Il n'existe aucune différence entre le traitement des varices et varicosités chez la femme de trente, quarante ou plus de soixante-dix ans. Mais il faut l'avouer, très souvent, mes patientes du troisième âge viennent me voir dans un tout autre contexte. En voici un exemple.

Penser à consulter

Élodie a plus de… 82 ans. Elle est venue me consulter pour un Doppler cervical (exploration des artères des vaisseaux du cou, carotides et vertébrales, assurant la circulation du cerveau) car elle se plaint de vertiges. Quand je lui explique que je vais faire un examen de sa circulation, elle me dit fort justement : « Docteur, vous devriez aussi regarder mes jambes. »

Effectivement elle a de grosses jambes avec des varices sur les grandes veines saphènes, bien visibles à l'œil nu et bien palpables. La peau autour de ses chevilles n'est pas très belle, avec des tâches brunes et rouges. En plus des varices des grandes saphènes, l'examen Doppler décèle aussi des séquelles de phlébite sur les veines profondes. Élodie se souvient en effet d'avoir eu très mal aux jambes et les jambes enflées après l'une de ses grossesses mais… il y a bien longtemps de cela et elle n'a jamais consulté.

Ce cas n'est pas isolé et lorsque je demande à ces patientes pourquoi elles n'ont pas consulté plus tôt, les réponses sont soit « je n'avais pas mal », soit « je n'avais pas le temps », soit « je ne savais pas à qui m'adresser... »

L'âge augmente le risque de varices

Il augmente aussi le risque de leurs complications. Certes, je ne pourrai jamais rendre à Élodie ses jambes de vingt ans, mais il est important d'éviter à cette femme, qui reste très active, de présenter dans les années à venir un ulcère ou une phlébite qui la priverait de son autonomie et lui gâcherait la vie. Donc elle doit aussi bénéficier de conseils de prévention et d'une prise en charge de sa maladie veineuse.

Avec l'âge, la sensation de jambes lourdes s'atténue

Les jambes lourdes qui sont le premier signe de la maladie veineuse, ont souvent tendance à disparaître au fil des années et la patiente qui a une insuffisance veineuse depuis plusieurs décennies a très souvent moins mal aux jambes que sa petite fille qui travaille debout. C'est peut-être l'une des raisons pour lesquelles on découvre très souvent des maladies veineuses à un stade très sévère.

Selon une étude très récente, les hommes seraient en réalité plus nombreux que les femmes à souffrir de varices.

Les veines de ces messieurs

L'insuffisance veineuse n'est pas l'apanage exclusif de la femme. En dix ans, le nombre de mes patients masculins n'a cessé d'augmenter. Aujourd'hui, un patient sur cinq est un homme.

Les facteurs de risque chez l'homme

Il existe chez l'homme comme chez la femme, des professions à risque : ainsi les garçons de café et de restaurant, les barmen, les coiffeurs, tailleurs et vendeurs sont davantage exposés aux troubles circulatoires veineux.

Certes les hommes ne prennent pas la pilule et ne portent pas d'enfant, mais ils sont exposés à tous les autres facteurs de risque veineux : antécédents familiaux, travail sédentaire avec station prolongée debout ou port d'objets lourds, position assise, manque d'exercice physique,

Ce qui les gêne le plus

Les démangeaisons sont très souvent la plainte majeure chez l'homme variqueux. Ceci a été confirmé récemment par l'étude d'Édimbourg, étude épidémiologique de référence publiée en 1999.

Comment leur faire accepter les chaussettes de contention

La contention sera bien acceptée si on explique qu'il ne s'agit pas de « bas à varices » mais de chaussettes tout à fait comparables à celles qu'ils portent tous les jours. Les hommes d'affaire qui voyagent souvent en avion sont devenus « accros » aux chaussettes de contention car ils peuvent maintenant descendre d'avion en renfilant leurs chaussures, chose impossible avant, du fait des œdèmes.

boissons alcoolisées et tabagisme, surpoids, chauffage par le sol, mauvaise alimentation avec trop de plats épicés... Une autre particularité : les hommes consomment moins de veinotoniques que les femmes, ce qui explique certainement le fait que l'on observe chez eux des formes plus avancées de la maladie.

Les abonnés à la maladie veineuse

Le cas fréquent, c'est l'ancien sportif qui a pris des kilos à force de regarder le sport à la télé en croquant quelques friandises au lieu d'aller à l'entraînement avec ses copains.
On sait que les sportifs de haut niveau ont des veines très dilatées, très apparentes sur les mollets mais totalement indolores. L'examen Doppler confirme généralement un bon fonctionnement veineux. En revanche, dès qu'ils arrêtent le sport, la paroi veineuse perd toute sa tonicité. Elle reste dilatée et flasque. Elle n'assure plus le retour veineux convenablement d'où la naissance de la maladie veineuse, favorisée en plus par la prise de poids qui va suivre inéluctablement le passage à la vie sédentaire.

Un traitement souvent tardif

Une étude récente effectuée au sein de la Société Française d'Angéiologie montre que les hommes hésitent souvent à consulter pour des varices ou des jambes lourdes, pensant que cela est réservé aux femmes. Il est vrai que l'habillement de ces messieurs permet de cacher les varicosités et les chevilles enflées plus facilement que s'ils portaient des jupes.
Conséquence : les hommes sont traités souvent tard, au stade sévère de la maladie.
Si le nombre d'hommes qui consultent pour des jambes lourdes est nettement inférieur à celui des femmes, il devient le même pour l'eczéma variqueux ou pour les ulcères.

La maladie veineuse existe chez l'homme et un travail de communication médicale est nécessaire. Quant à vous, mesdames, regardez de plus près les jambes de ces messieurs.

TRAITER NATURELLEMENT
L'INSUFFISANCE VEINEUSE

De la phytothérapie à la contention en passant par les cures thermales… voici tous les moyens naturels et efficaces pour freiner voire stopper la maladie veineuse.

La phytothérapie :
une médecine alternative de choix

Depuis la nuit des temps, les hommes ont utilisé les plantes pour se soigner et leur utilisation a longtemps été guidée par la tradition. Délaissée au XIXe siècle avec l'avènement de la chimie moderne, la phytothérapie renaît aujourd'hui avec une approche plus scientifique, des études, des analyses, des expérimentations. Certaines plantes perdent leur prétendu pouvoir alors que d'autres acquièrent une importance en thérapeutique du fait de leur efficacité. Et justement, pour ce qui est de l'insuffisance veineuse, nous avons à notre disposition des plantes remarquablement efficaces. D'ailleurs, la plupart des médicaments chimiques proposés actuellement sont dérivés de ces plantes médicinales.

Circulation : les plantes se mettent en trois

Bien que ces plantes renferment des substances actives différentes, on peut schématiquement les classer en trois groupes selon leur action sur le système circulatoire :

• Les plantes **veinotoniques** stimulent les fibres musculaires et augmentent le tonus de la paroi veineuse.

De la plante à la gélule

La plante tout entière est rarement utilisée. Habituellement, on sélectionne la partie active, c'est-à-dire la racine, la tige, l'écorce ou encore la fleur que l'on broie finement. On obtient ainsi des gélules de poudre de plante. On peut également grâce à certaines techniques chimiques, extraire la totalité des principes actifs et les concentrer. On parle alors de gélules d'extraits secs de plante. Les gélules de plantes (poudre ou extrait) doivent être titrées pour le principe actif le plus important. C'est pourquoi vous pourrez vous-même comparer les titres.

Elles s'opposent à la dilatation de la veine. Le chef de file des plantes veinotoniques est le **fragon,** vient ensuite l'**hamamélis.**

L'hamamélis

• Les plantes **veinoprotectrices** ont des propriétés antioxydantes grâce aux flavonoïdes qu'elles renferment. Les flavonoïdes s'opposent à la formation de radicaux libres qui abîment l'endothélium *(lire page 80)*. Ces plantes sont donc des protecteurs puissants de la paroi interne des veines et des valvules. Parmi elles, retenez le **cyprès,** le **marronnier d'Inde** et la **vigne rouge.**

• Les plantes **fluidifiantes** du sang comme le **mélilot** ou le **ginkgo** fluidifient le sang en diminuant l'agrégation des plaquettes.

Tonus et protection

Pour traiter convenablement l'insuffisance veineuse, il est indispensable d'associer une plante veinotonique à une plante veinoprotectrice car, rappelons-le, ces troubles résultent de deux phénomènes :

• la baisse du tonus de la paroi veineuse,

• la dégradation de l'endothélium.

En traitement préventif des varices et des thrombophlébites, on peut joindre au traitement une plante fluidifiante.

Une action globale sans effets secondaires

La plante médicinale possède dans sa partie active des milliers de substances. Chacune d'entre elles est présente en quantité très faible et agit à son niveau, en synergie avec les autres. Ainsi, l'action d'une plante ne se résume pas à un constituant isolé mais résulte de l'action de tous ses constituants. À l'opposé de la plante médicinale, le médicament chimique est, lui, constitué d'un seul principe actif, présent en grande quantité. Ce principe actif isolé est souvent moins efficace et parfois plus toxique que s'il est uni aux autres constituants.

Plantes toniques pour jambes légères

Six plantes sont incontournables dans le traitement de l'insuffisance veineuse. Voici ce qu'elles peuvent faire pour vous.

Le fragon

L'hamamélis

Le fragon *(Ruscus aculeatus)*

Le fragon, ou petit houx, est assez répandu en France surtout dans le midi et l'ouest. La partie active est la racine. De nombreuses expériences ont pu mettre en évidence ses propriétés veinotoniques. Il facilite la contraction des fibres musculaires de la paroi veineuse. On obtient un resserrement des veines. Il a également un effet anti-inflammatoire. Son activité est meilleure lors de températures élevées : le fragon est donc particulièrement conseillé en cas de jambes lourdes l'été.

L'hamamélis *(Hamamelis virginiana)*

Originaire du Canada et de l'est des États-Unis, l'hamamélis est aujourd'hui cultivé en Europe. Ce sont les feuilles que l'on utilise. L'hamamélis possède une double action sur le système circulatoire. Il augmente la résistance des veines (veinotonique) et diminue la perméabilité des capillaires (anti-œdémateux).

Le cyprès *(Cupressus sempervirens)*

La partie active est le cône. Le cyprès a une action anti-inflammatoire. De plus, les OPC (oligomères proanthocyanidoliques) qu'il renferme tonifient les veines. En se fixant sur la paroi des vaisseaux, ces substances assurent une meilleure dynamique vasculaire empêchant le sang de stagner dans les jambes. Le cyprès prévient et soulage jambes lourdes et varices.

Le marronnier d'Inde *(Aesculus hippocastanum)*

On utilise l'écorce et la graine. L'écorce renferme de l'esculoside qui augmente la résistance des veines et diminue la perméabilité des capillaires. La graine, par la présence d'escine, a une action anti-inflammatoire.

Attention, cette plante est réservée à l'adulte et déconseillée aux femmes enceintes ainsi qu'aux personnes qui ont une insuffisance rénale.

La vigne rouge *(Vitis vinifera)*

Les feuilles de vigne rouge sont connues depuis longtemps pour soulager les jambes lourdes. C'est la plante veinoprotectrice par excellence. Elle améliore la contention de la paroi veineuse et diminue sa perméabilité. Elle favorise également la contraction musculaire des veines facilitant le retour du sang vers le cœur.

Efficacité du marronnier d'Inde démontrée !

Des chercheurs ont analysé 13 études cliniques qui ont comparé un extrait de marronnier d'Inde (10 à 150 mg par jour) soit à un placebo (une gélule identique en apparence à la gélule de la plante mais sans principe actif) soit à un médicament classique de l'insuffisance veineuse chronique. Conclusion : l'extrait de marronnier d'Inde est plus efficace que le placebo (réduction de l'œdème, atténuation de la douleur) et tout aussi efficace que le médicament et ce, sans effets secondaires.

Mélilot *(Mélilotus officinalis)* : le fluidifiant naturel

Cette plante herbacée possède de petites fleurs jaunes réunies en grappes allongées : ce sont elles qui sont actives. Le mélilot est avant tout considéré comme un anti-œdémateux. Il renferme également une substance, la coumarine, qui agit comme un anticoagulant léger.

À chaque problème, sa solution phyto

Les plantes vous seront d'une aide précieuse dans tous les cas d'insuffisance veineuse ainsi qu'en complément des traitements classiques (sclérothérapie et chirurgie).

Début de l'insuffisance veineuse avec sensation de jambes lourdes
CYPRÈS - HAMAMÉLIS
Début de l'insuffisance veineuse avec œdème
VIGNE ROUGE - FRAGON
Varices. En traitement complémentaire de la sclérose et de la chirurgie
MÉLILOT - CYPRÈS
Varices de la grossesse (après 3 mois)
HAMAMÉLIS - CYPRÈS
Douleur variqueuse et chaleur
FRAGON - MÉLILOT

Tous ces traitements suivent la même posologie :
2 gélules matin et soir au moment des repas
(cure d'un mois renouvelable)

Un massage qui soulage

Préparez votre huile de massage avec de l'huile de calophyllum inophyllum 10 %, huile de pépins de raisins 86 %, HE cyprès 3 %, HE menthe poivrée 1 %. Massez les jambes efficacement de bas en haut.

D'autres alliées

D'autres plantes présentent un intérêt dans la maladie veineuse. Parmi elles, le ginkgo biloba, plante exceptionnelle, mérite une place à part.

Arbre sacré des temples de l'Asie, le ginkgo biloba est un véritable fossile vivant puisqu'il est resté identique depuis 250 millions d'années – il a même résisté à la bombe atomique au Japon. La longévité du ginkgo va de pair avec sa résistance étonnante, sa robustesse exceptionnelle et son pouvoir d'adaptation. Il existe de façon séparée des arbres mâles et femelles. L'appareil reproducteur femelle donne un fruit qui est consommé au Japon. Les années 1950 voient le début des études occidentales sur les propriétés médicinales de ses feuilles. Elles ont permis d'identifier plusieurs principes actifs. Ainsi le ginkgo est apparu comme une grande plante antioxydante du système circulatoire. Il dilate les artères, augmente la tonicité des veines et il fluidifie le sang. C'est également un véritable traitement du vieillissement cérébral. Il augmente la circulation sanguine au niveau du cerveau, améliore la mémoire, la vigilance et l'humeur.

L'écuelle d'eau

Récemment une revue médicale anglo-saxonne a publié plusieurs travaux réalisés par des médecins vasculaires de renommée internationale, sur les bienfaits des extraits d'une plante, l'écuelle d'eau ou Gotu kola *(Centella asiatica)* dans la maladie veineuse. Les patients qui recevaient le comprimé contenant l'extrait de plante ont observé une nette amélioration des symptômes par rapport à ceux ayant reçu le placebo : en particulier diminution de la sensation de jambes lourdes et diminution des œdèmes. Une autre étude a montré également l'efficacité de ce traitement chez les patients présentant un œdème dès qu'ils prennent l'avion pour un voyage de plus de trois heures.

Si des varices bien supportées pendant des années, deviennent soudain douloureuses, ne cherchez pas dans vos herbiers le remède miracle et courez plutôt consulter votre spécialiste de la circulation.

Les bienfaits des huiles essentielles

Les huiles essentielles extraites des plantes par distillation ont également une activité très intéressante qui complète celle de la phytothérapie. Les huiles essentielles sont très actives et requièrent certaines précautions d'emploi. Le mode d'utilisation le plus répandu et le plus agréable est certainement le massage. Les huiles doivent être absolument diluées (dans de l'huile de pépins de raisin ou d'amande douce) avant d'être appliquées sur la peau.

Les huiles essentielles (HE) à retenir : HE citron, HE cyprès, HE lavande, HE romarin, HE menthe poivrée, HE géranium.

La contention : des bas qui soignent

Les bienfaits de la contention sont connus depuis l'Antiquité. Ses progrès ont suivi ceux de la technologie depuis l'emploi de carcans compressifs, jusqu'à celui de fibres élastiques les plus fines et résistantes.

Un traitement efficace, un acte médical

La contention médicale peut sembler une expression barbare pour le commun des mortels. Elle désigne en fait les bandes, les bas ou les collants et chaussettes prescrits par un médecin dans le but d'améliorer la circulation au niveau des jambes. La contention élastique est l'un des principaux traitements des symptômes de l'insuffisance veineuse des jambes.

La contention, c'est un médicament qui ne s'avale pas mais « qui se porte ».

Comment ça marche ? Le fait de former des mailles fines maintient la jambe de manière à ce que les veines se vident bien lors de la marche. Leur diamètre se trouve réduit, en même temps les valvules vont mieux se fermer, donc pas de reflux du sang.

Très efficace quand elle est prescrite à bon escient par un médecin, sa délivrance nécessite tout le savoir d'un pharmacien qui seul, est capable de juger du modèle nécessaire au patient. C'est pourquoi sa prescription par le médecin, comme sa délivrance par le pharmacien, reste un acte médical à part entière.

Les autres bienfaits de la contention

Elle augmente la vitesse circulatoire dans la veine : action anti-stase veineuse. Elle empêche la formation de caillots au niveau des veines profondes de la jambe qui sont responsables de la formation d'une phlébite.

Elle évite le gonflement des jambes (œdèmes) : les tissus mous se trouvent comprimés et de ce fait, l'eau qui stagne à leur niveau va être chassée vers les veines et les vaisseaux lymphatiques. Elle favorise donc également le retour lymphatique.

Un suivi hélas médiocre

Malgré ces progrès et la multiplication des études dans le monde entier confirmant son efficacité aussi bien dans la prévention que dans le traitement des maladies veineuses, la contention en phlébologie ne bénéficie pas d'un bon suivi : près d'un patient sur 3 ne porte pas les bas prescrits. Soit le patient est lui-même réticent, soit le médecin n'a pas été suffisamment persuasif.

La réticence du patient s'explique par l'image du « bas à varices » tel qu'il était porté au siècle dernier. Quant aux jeunes femmes soucieuses de leur look, elles refusent généralement catégoriquement cette thérapeutique. Et pourtant, ce n'est pas vilain du tout !

C'est là que le rôle d'information du médecin prescripteur est important. Il doit adapter la contention à chaque patient et bien expliquer son utilité, tant dans la prévention de la maladie veineuse que dans la diminution des douleurs veineuses et dans le traitement indispensable des varices, et a fortiori des varices compliquées d'ulcère ou de dermite.

Un nouveau concept : le texticament

La fibre élastique peut également être un support de molécules actives. On parle de texticament. On peut ainsi apporter des vitamines, des produits empêchant la déshydratation de la peau, des produits désodorisants...

Comment les Français sont traités

Entre 1995 et 1998, une analyse portant sur les maladies veineuses a été réalisée en France à partir d'un échantillon de 3 080 volontaires issus de la cohorte SU.VI.MAX. Des médicaments veinotoniques sont prescrits chez 43,3 % des hommes et 63,7 % des femmes ayant un diagnostic d'insuffisance veineuse (avec ou sans varice). Les bas de contention représentent 1 % des traitements chez les hommes et 3,4 % chez les femmes, la sclérothérapie respectivement 8,7 et 19,5 % et la chirurgie 9,7 et 7,2 %.

À chaque jambe... son bas idéal

La contention se délivre sur ordonnance, indiquant de façon précise son type : bas, chaussette ou collant et son degré de compression. Si vous n'êtes pas bien guidé dans le choix de cette seconde peau, vous ne la supporterez pas bien et elle finira dans le placard.

Il existe plusieurs classes de contention selon la pression qu'elle exerce, pression mesurée à la cheville.
classe I = 10 à 15 mm de mercure ;
classe II = 15 à 20 mm de mercure ;
classe III = 20 à 36 mm de mercure ;
classe IV = plus de 36 mm de mercure.

Un aspect rassurant

Rassurez vous, si vous avez simplement les jambes lourdes en fin de journée et si votre doppler ne retrouve aucun reflux sur vos veines superficielles – ou profondes – votre phlébologue vous prescrira une contention de classe I, à porter surtout lorsque vous êtes longtemps immobile debout ou assise et lorsque vous prenez l'avion pour un pays lointain.
Elle pourra aussi vous soulager lorsque vous faites du sport : chaussettes blanches pour tennis-women de rigueur.
En fait, mes patientes sont d'abord désagréablement surprises lorsque je leur prescris une contention, mais

Aide extérieure

Si vous avez des problèmes d'arthrose qui vous gênent pour enfiler les bas, les phlébologues ont mis au point des appareils très utiles pour les personnes âgées qui aident à l'enfilage. Une petite aide extérieure qui fait aussi grand bien...

vite rassurées par l'aspect somme toute assez joli de ces chaussettes ou collants, puis soulagées par le bien-être éprouvé dès qu'on les enfile.

Classe supérieure

Si vous avez des varices, on passera à la classe supérieure. Le choix entre chaussettes et collants dépend du territoire des veines dilatées. Les collants sont mieux adaptés aux varices qui intéressent la jambe de bas en haut et inversement les chaussettes sont suffisantes si les varices s'arrêtent au mollet.
Si vous avez eu une phlébite, profonde ou superficielle, la contention de classe II s'impose aussi.
Les contentions les plus fortes s'adressent aux insuffisances veineuses sévères. Elles ont un rôle irremplaçable pour éviter l'aggravation de la maladie veineuse et la survenue des ulcères en particulier.
Enfin, dernier détail, ne gardez pas votre contention la nuit.

Quand la contention est mal adaptée

Sans chercher d'excuses à mes patientes réticentes, voici quelques raisons du rejet de la contention :
Prescription incorrecte : la force du bas ou du collant n'est pas indiquée sur l'ordonnance. Le pharmacien délivrera la plus faible qui peut être insuffisante, surtout si vous avez des varices.
Comme pour tout autre collant, il existe différentes tailles et si vous achetez un collant de taille 1 alors que vous mesurez 1,80 m, il y aura un problème ! Il se peut aussi que vous soyez « hors normes » et dans ce cas vous devrez faire faire votre collant sur mesure.

Changez de contention comme de chemise

Petit détail : il n'y a pas de limite dans le renouvellement de la contention et vous avez largement la possibilité de changer de chaussettes aussi souvent que cela est nécessaire. Ces articles sont pris en charge par la sécurité sociale, sans entente préalable.

Les cures thermales

Il y a de nombreuses stations thermales en France. Ce sont des centres de cures qui utilisent les propriétés des eaux de sources.

Les eaux les mieux adaptées aux veines sont peu minéralisées et tièdes (28 °C à 30 °C). Elles sont principalement indiquées si vous avez les jambes lourdes, des œdèmes, des douleurs en particulier après une phlébite.

Comment se déroule la cure

Une cure comprend plusieurs soins :

1. Des séances de marche en piscine d'eau thermale : le curiste marche dans la piscine (15 à 20 mn par jour), ceci en vue de :

- muscler les mollets ;
- donner de la souplesse à la cheville ;
- augmenter la vidange veineuse du pied, grâce à des petites anfractuosités dans le sol de la piscine ;
- assurer une bonne oxygénation des tissus cutanés en les rendant plus souples, grâce à la composition particulière de l'eau thermale.

2. Le curiste boit 20 cl au début des soins, 20 cl pendant les soins et 20 cl à la fin des soins. Ceci augmente la diurèse (volume des urines) et favorise ainsi l'élimination de l'eau, d'où la « fonte des œdèmes veineux ».

3. On associe aussi **des bains à des douches sous-marines** assurant un jet pulsé sur les plantes des pieds, sur les jambes puis sur les cuisses, favorisant ainsi la circulation de retour, et des douches manuelles, dirigées sur les cuisses et les hanches, pendant que le curiste se met successivement sur la plante et sur la pointe des pieds. Ceci ne peut que **stimuler le retour veineux.** Ça marche bien aussi sur la cellulite.
En revanche, il faut régler l'intensité du jet au minimum s'il existe une fragilité capillaire… sous peine d'aggravation.

Prise en charge complète

L'intérêt d'une cure dans un centre hyper spécialisé repose aussi sur la prise en charge complète du patient avec un régime personnalisé, une explication de la maladie veineuse, des conseils (chaussures, vêtements, lingerie) et un apprentissage du port de la contention.

De plus, s'il existe une autre maladie associée, par exemple des rhumatismes, les deux seront prises en charge en prenant bien soin de ne pas aggraver l'une en traitant l'autre (par exemple des boues très chaudes font du bien aux arthrosiques alors qu'elles sont contre-indiquées s'il y a des varices).

Les stations thermales de vos jambes

La cure thermale est un moyen sain et naturel de prendre soin de ses jambes et d'améliorer le retour veineux. Parmi les centres les plus appropriés aux maladies veineuses citons Bagnolles-de-l'Orne, Saint-Jean-de-Dax, Barbottan.

Cures : questions/réponses

Faut-il consulter un médecin avant la cure ?

Oui. Votre médecin habituel vous prescrira une cure thermale si votre état de santé le justifie. Il remplira un questionnaire de prise en charge avec les orientations thérapeutiques dont vous êtes justiciable ainsi que la station thermale conseillée à cet égard.

Quand consulter le médecin ?

Si possible au plus tard au cours du trimestre qui précède votre départ en cure.

La cure est-elle prise en charge ?

Oui dans la mesure où votre médecin traitant a donné son accord sur le questionnaire de prise en charge.

Quels sont les frais pris en charge ?

Les bases de votre remboursement sont actuellement 65 % du tarif de base conventionné ou 100 % de ce même tarif en cas d'exonération du ticket modérateur.

PROGRAMME SANTÉ
JAMBES LÉGÈRES

Les conseils hygiéno-diététiques permettent à eux seuls de freiner voire de stopper l'évolution de l'insuffisance veineuse. Il est donc primordial de renouer avec un certain art de vivre.

Offrez de belles journées à vos jambes

Levez-vous d'un bon pied

Pratiquez dès le réveil quelques mouvements permettant d'assouplir les articulations des orteils, des chevilles et des genoux. Une vingtaine de flexions extensions suffisent à dérouiller ces articulations.
Choisissez des chaussures confortables en évitant les bottes qui enserrent le bas des jambes, les talons très hauts mais aussi les talons trop plats.
Si vous avez des problèmes de voûte plantaire, n'oubliez pas vos semelles de correction !
Faites comme les chirurgiens qui restent de longues heures debout en salle d'opération, adoptez des chaussettes ou des collants de contention qui empêchent les veines de se dilater et facilitent donc la circulation veineuse. Une contention très légère suffit.
Evitez les vêtements et sous-vêtements trop serrés, en particulier sur les jambes, à l'aine et à la taille : ils freinent la circulation de retour.

Excellent : la gymnastique au rouleau

Fixez un rouleau en bois de 15 cm de diamètre au mur de votre chambre, à environ 60 cm du sol. Allongez- vous sur le dos, la tête sur un coussin. Appuyez la plante des pieds sur le rouleau et faites le tourner par des mouvements de pied. Ceci facilite la vidange de votre semelle plantaire, muscle les mollets et la paroi abdominale.

Pour vous rendre au travail

Ménagez-vous vingt minutes de marche. Si vous êtes une maman ou une grand-maman au foyer, renoncez à sortir la voiture pour emmener vos enfants à l'école : le trajet aller et retour ne peut être que bénéfique pour vos jambes mais aussi pour celles de vos enfants !
Pendant le travail, toutes les deux heures n'oubliez pas les mouvements de chevilles : mettez vous sur la pointe des pieds puis sur la plante des pieds. Ne croisez pas les jambes, ce n'est pas bon non plus pour vos veines situées derrière le genou !

En sortant du travail

N'hésitez pas à refaire quinze à vingt minutes de marche. En rentrant chez vous, relax… un petit bain de pieds est le bienvenu surtout en été. Les bains en fin de journée, avec des substances relaxantes et décongestionnantes sont souvent très appréciés et efficaces.
On vous a dit que les douches froides après les bains chauds activaient la circulation ? C'est vrai surtout pour la circulation artérielle. En revanche, les veines peuvent se dilater davantage après cette séance et les petits capillaires peuvent aussi se fragiliser et éclater avec apparition de petites plaques roses ou rouges sous la peau. Si vous êtes chauffé par le sol, adoptez des semelles en bois qui isolent davantage.

Avant de dormir

Effectuez encore quelques mouvements de gymnastique comme ceux du matin ou mieux « au rouleau » *(lire encadré)*. Enfin, n'oubliez pas de dormir en plaçant une cale sous les pieds de votre lit de manière à ce que vos jambes soient surélevées de 12 à 15 cm. Bonne nuit… bonnes jambes !

L'insuffisance veineuse : une maladie sous-estimée

L'insuffisance veineuse débute en moyenne vers la trentaine mais les femmes attendent près de six ans avant d'aller voir leur médecin ou un spécialiste. Six ans, c'est beaucoup et au cours de ces années sans traitement, la stase veineuse ne fait qu'augmenter. Les maladies veineuses sont très fréquentes certes, mais elles sont rarement mortelles, on a donc tendance à ne pas s'en inquiéter et à ne rien faire. C'est un tort puisqu'elles n'ont pas non plus de chance de régresser toutes seules !

Bougez, bougez et... respirez

L'exercice physique a une action favorable sur la circulation veineuse en tonifiant la paroi des veines, en musclant les mollets qui ainsi se contractent mieux et augmentent le retour veineux. Même chose pour les muscles respiratoires.

Conseillé par la Faculté

Le sport, c'est bon pour tout. Les cardiologues sont les premiers à le conseiller fortement pour prévenir les maladies cardiaques. Il fait baisser la tension artérielle, les taux sanguins de mauvais cholestérol, de sucre et permet aux artères de se développer et de suppléer aux coronaires défaillantes. Il diminue également les risques de diabète et de cancers. L'exercice régulier fait perdre du poids et diminue la masse grasse au profit de la masse maigre (les muscles).
Malheureusement, la vie moderne ne laisse plus de place à l'activité physique.

D'après l'Insee, en dehors de leur travail, les femmes consacrent en moyenne : 9 heures au sommeil, 3 à 4 heures par jour aux tâches domestiques, 2 heures aux repas, 2 heures à la télévision et… 5 minutes au sport !

Levez le pied !

Pour celles qui ont déjà des varices, on conseillera :
– de porter des chaussettes de contention pendant les exercices : les veines n'en seront que mieux comprimées ;
– d'éviter de porter des vêtements de sport trop serrés qui risquent de comprimer la cuisse ou l'aine ;
– et après l'exercice, de surélever les jambes pendant 10 à 15 minutes.

Certes si cela est votre cas, vous n'êtes pas ce que l'on peut appeler une sédentaire, mais entre piétiner sur place et muscler ses jambes, il y a quand même une nuance. Alors pour votre bien-être et celui de vos jambes, un petit effort !
Si vous êtes de ces femmes qui n'ont pas la possibilité et/ou le temps de faire du sport une heure ou deux par semaine ou encore d'aller courir tous les matins une heure au bois, vous pouvez quand même améliorer votre retour veineux, ne serait-ce qu'en trouvant une petite demi-heure par jour pour marcher, d'un bon pas, dans des chaussures confortables.
Vous pouvez aussi trouver cinq minutes matin et soir pour faire la gymnastique au rouleau.
Enfin, si vous n'avez pas fait de sport depuis longtemps, commencez doucement mais régulièrement et adaptez l'activité physique à vos possibilités.

Quels sont les exercices à conseiller?

Tous les exercices qui tonifient les muscles des jambes et en premier lieu : la marche. Les muscles en se contractant aident à comprimer la veine et à faire circuler le sang vers le cœur.
La marche rapide, la bicyclette, le ski de fond, la natation sont bons à la fois pour le cœur et pour les jambes.
Certains exercices de musculation peuvent être réalisés au domicile avec des poids portables : on fera essentiellement travailler les extenseurs des genoux.

Les sports déconseillés

- **Le tennis et les sports de balle en salle**
- **Les sports violents avec risque de choc et de traumatismes sur les jambes : rugby, football et sports de combat**
- **Ceux qui augmentent la pression abdominale : haltérophilie**
- **Le ski alpin**

Les sports conseillés

- **La marche ou la course à pied sur un sol mou, le golf, la marche dans l'eau**
- **Le ski de fond**
- **La gymnastique douce et la musculation douce**
- **Le yoga**
- **La natation**
- **La montée et la descente des escaliers.**
- **Le vélo en plein air ou d'appartement**
- **La danse**

La gymnastique anti-stase

Elle a pour but d'aider la circulation de retour et se compose de gestes simples que nous pouvons tous pratiquer le matin avant de partir au travail pour se mettre en forme ou le soir quand nos jambes sont bien lourdes...

1. Bien respirer

C'est le point de départ incontournable.
Allongez-vous sur le dos, jambes demi-fléchies avec un coussin sous les genoux afin de détendre au maximum les muscles de l'abdomen. Posez une main sur le ventre pour bien sentir les mouvements de la paroi abdominale. Inspirez lentement en gonflant le ventre puis expirez : l'abdomen et le thorax s'abaissent ensemble, le tout sans contraction excessive afin d'obtenir une décontraction totale. Recommencez une vingtaine de fois.

La pressothérapie intermittente

Elle consiste à placer une jambe puis l'autre dans un appareil venant enserrer la jambe et provoquer une hyperpression. Le but est de faciliter le retour veineux.

Elle est efficace s'il existe des œdèmes d'origine veineuse mais les résultats sont transitoires et en aucun cas ils ne peuvent permettre de se passer de la contention.

Elle est moins efficace sur les œdèmes d'origine lymphatique ou sur les grosses jambes du lipœdème (cellulite).

2. Mobilisation des articulations des jambes

Vous êtes allongée sur le dos, les bras étendus le long du corps avec la paume des mains tournée vers le sol.
Fléchissez une jambe, ramenez le genou vers le menton puis étendez la jambe vers le plafond et enfin redescendez lentement la jambe tendue vers le matelas. Recommencez 15 à 20 fois à votre rythme en changeant de jambe.
Ensuite, fléchissez puis étendez les orteils 15 à 20 fois, dessinez des cercles avec les pointes des pieds, en tournant dans un sens puis dans l'autre pendant 30 secondes. Étendez et fléchissez les pieds pendant 30 secondes.

3. Renforcement de la musculature des jambes

Toujours allongée, pieds en position de repos, séparés par un petit coussin : pressez lentement les pieds l'un contre l'autre en soulevant le bassin au dessus du plan du lit : maintenir la position 6 secondes, détente en position de départ pendant 6 à 8 secondes.
Recommencez 10 fois.

Maintenant, levez-vous !

Pieds nus sur le tapis, mettez-vous sur la pointe des pieds en élevant le talon au maximum d'un côté, l'autre pied restant en position normale. Alternez une quinzaine de fois.

Voilà en moins de 15 minutes, vous avez activé votre retour veineux.

Et les massages ?

Le massage classique des membres inférieurs est très prisé par... les paresseuses. Si leur efficacité est certaine dans d'autres maladies (rhumatismales en particulier) leur action sur le retour veineux est pratiquement nulle.
Il n'en va pas de même des drainages lymphatiques effectués par des kinésithérapeutes formés à cette technique. Les drainages stimulent la circulation dans les vaisseaux lymphatiques et limitent ainsi la stase liée à une insuffisance veineuse. Efficaces seulement s'ils sont associés à la contention entre les séances, ils sont particulièrement indiqués dans les cas de jambes lourdes avec œdème en fin de journée.

Le soleil chauffe la peau et dilate les veines : une mauvaise nouvelle si vous souffrez de maladie veineuse.

Une ennemie de vos veines : la chaleur

La chaleur dilate les veines, la fraîcheur au contraire a un effet vasoconstricteur. Fuyez tout ce qui surchauffe vos jambes.

Notre température corporelle est constante : 37 °C. Les veines de surface participent de façon permanente aux échanges de chaleur du corps avec le milieu extérieur, assurant ainsi l'équilibre thermique. Quand il fait chaud, les veines se dilatent : la circulation augmente et élimine une partie de la chaleur du corps.

Toutes les sources de chaleur sont sources de maux de jambe

Méfiez-vous en particulier du chauffage par le sol. Pour vous protéger, préférez les chaussures à semelles en bois qui isolent davantage que les semelles en cuir.
En voiture, évitez de diriger l'air de chauffage sur vos jambes.
De même ne prenez pas de bains trop chauds : la température idéale se situe à moins de 38 °C.
Enfin saunas et hammams, cataplasmes de boue chaude et épilation à la cire chaude sont fortement déconseillés.

Soleil : ami ou ennemi ?

Le soleil est l'ami de nos os et de nos articulations et après des semaines de pluie et de froid, rien n'est meilleur que ses doux rayons. Le soleil n'est pas directement mauvais pour nos veines mais il le devient en chauffant trop la peau, d'où la dilatation de tous les vaisseaux. Aussi abstenez-vous définitivement du bronzage immobile sur un transat. Vous pouvez tout aussi bien acquérir le hâle de vos rêves en marchant en maillot de bain le long de la mer, en nageant, pédalant et courant au soleil. Si vous restez assise au soleil, enveloppez vos jambes dans des serviettes mouillées (l'évaporation de l'eau compense l'excès de chaleur).

Si vous avez des varices, redoublez de prudence

En effet, le soleil peut irriter les veines superficielles et déclencher une réaction inflammatoire. Si vous restez immobile, cela favorise la stase veineuse et vous avez tous les ingrédients pour faire une phlébite.

Si vous avez eu des séances de sclérose juste avant de partir, l'exposition solaire risquerait de faire réapparaître les varices très vite.

Pensez aussi aux autres effets nocifs du soleil. Les UV accélèrent le vieillissement de la peau et abuser du soleil augmente le risque de cancer cutané.

Attention à l'alternance chaud-froid

Je déconseille aux personnes ayant des veines fragiles d'alterner les douches chaudes et froides car elles favorisent l'éclatement des petits vaisseaux. Je leur conseille plutôt des bains à 35-38 °C avec des poudres astringentes et rafraîchissantes *(lire tableau)*.

Quelques recettes de produits astringents et rafraîchissants

Bains	
Formule 1	
Alun en poudre	100g
Bicarbonate de soude	500g
Formule 2	
Alun en poudre	70g
Bicarbonate de soude	300g
Chlorure de sodium	30g
Essence de lavande	1g
Essence de thym	1g
Essence de romarin	1g
Essence d'origan	0,5g
Applications et lotions	
Formule 1	
Eau d'hamamélis	20g
Camphre de menthe	3g
Hydrate de chloral	4g
Glycérine	15g
Alcoolat de lavande	300g
Formule 2	
Extrait fluide d'hamamélis	20g
Menthol	3g
Hydrate de chloral	4g
Alcoolat de lavande	300g

Bien manger

Bien manger, c'est bien choisir ses aliments et dans les bonnes proportions.

Les protéines : 15 % de l'apport calorique

Nourrissez-vous d'aliments peu transformés : céréales complètes, fruits, légumes, viandes d'animaux élevés en plein air, poissons gras, huile de première pression...

L'idéal est d'avoir pour moitié des protéines d'origine animale (viandes blanches de préférence, poissons, œufs, laitages) et pour moitié des protéines d'origine végétale (céréales surtout complètes, légumineuses comme le soja). Pour les végétariens, les protéines végétales doivent provenir de deux sources différentes. L'une des sources doit correspondre à une céréale et l'autre à une légumineuse. Par exemple, l'association de riz et de lentilles est bonne car elle apporte tous les acides aminés essentiels. Deux sources végétales apportent chacune tous ces acides aminés : c'est le soja et le quinoa.

Les graisses : 35 % de l'apport calorique

La qualité des graisses que nous mangeons influence avec certitude la qualité de nos vaisseaux sanguins, de nos hormones, de notre humeur. On distingue les bonnes graisses des mauvaises par les acides gras qu'elles renferment. Les bons sont les acides gras insaturés et les moins bons, voire mauvais, les acides gras saturés. Ces derniers se trouvent dans le beurre, les laitages, le fromage, la charcuterie et certaines viandes comme l'agneau. À consommer avec modération car ils augmentent les risques de maladies cardiaques et probablement de certains cancers. Les acides gras insaturés se trouvent dans les huiles végétales. Certaines sont plus intéressantes que d'autres car elles contiennent des acides gras essentiels. Les huiles les plus intéressantes sont l'huile d'olive et l'huile de colza qui renferme, en proportion idéale, les deux acides gras essentiels que sont l'acide linoléique et l'acide alpha-linolénique. L'huile d'olive, elle, contient de l'acide oléique qui protège les graisses corporelles (comme le cholestérol) de l'oxydation. Les oléagineux secs (noix de toutes sortes) sont de bonnes sources de graisses de qualité.

Les glucides : 50 % de l'apport calorique

Mais attention, là aussi il y a les bons et les mauvais. Les aliments à index glycémique élevé font monter très vite le taux de sucre dans le sang (sucre, sodas, riz blanc, farine blanche, chips, pommes de terre frites). Ils se cachent aussi dans les boîtes de conserve, les aliments tout préparés, les charcuteries, les pâtisseries, les laitages, les pop-corns, les corn flakes, la plupart des céréales du petit déjeuner, le riz instantané, le pain des fast-foods... C'est la consommation excessive de ces amidons transformés dès le plus jeune âge qui est soupçonnée d'alimenter l'actuelle explosion du diabète. Fuyez le plus possible ces sucres rapides et retrouvez l'habitude des sucres à index glycémique faible. Ces derniers sont distribués très lentement au corps. Ils maintiennent la glycémie constante et sont de véritables brûleurs de graisses. Ce sont les meilleurs carburants du cerveau et des muscles. Ils leur permettent de fonctionner dans le calme et la durée. Quelques aliments à index glycémique bas : pain complet, pain de seigle complet, pâtes au blé complet, riz complet, presque tous les légumes et les fruits frais, le soja, les lentilles.

Ne fuyez pas les graisses

De très nombreuses femmes limitent ou suppriment les graisses alimentaires dans l'espoir de maigrir. Elles doivent savoir qu'aucune étude de plus d'un an ne montre de bénéfice sur le poids en agissant ainsi. Au contraire, en réduisant les corps gras à l'excès on court le risque de manquer d'acides gras essentiels. Mieux vaut manger normalement en privilégiant les bonnes graisses *(lire page suivante)*.

Contrôlez votre poids

La lutte contre les kilos repose sur une révision de son alimentation toujours associée à une bonne hygiène de vie : plus d'exercice, moins de stress et pas de tabac. La prise de poids s'accompagne de sensation de jambes lourdes. Aussi, toutes les mesures qui visent à perdre du poids ou à le maintenir sont les bienvenues.

Optez pour le naturel

Privilégiez une alimentation la plus naturelle et la moins transformée possible. Tout d'abord fruits et légumes frais à volonté. Les fruits et légumes doivent faire partie intégrante de votre alimentation. Ils sont extrêmement variés, à vous de jouer pour que la table ne soit pas monotone. Cuisez les légumes a minima, de préférence à la vapeur. Non seulement vous conserverez leurs vitamines mais en plus les fibres seront quasiment intactes.

Troquez les céréales raffinées pour des aliments complets : riz sauvage, riz complet, boulgour, pâtes complètes, pain complet. N'abandonnez pas les légumineuses : pois, fèves, haricots, lentilles. Contrairement aux idées reçues, elles ne font pas grossir. En revanche, n'abusez pas de la sacro-sainte pomme de terre et souvenez-vous, plus une pomme de terre est cuite, transformée (en purée, flocons, frites), plus elle risque de faire grossir.

Les graisses réhabilitées

Vous pouvez consommer toutes les viandes à partir du moment où vous ne les faites pas trop cuire (évitez les parties roussies) ainsi que poissons, coquillages et crustacés en tout genre.

Quelques trucs

pour maîtriser les quantités ingérées et réduire la taille des portions

Utilisez des assiettes plus petites et ne finissez pas les plats des enfants !

Sortez immédiatement de table après le repas.

Ne vous resservez pas.

Préparez-vous un plateau tout fait avec les quantités prêtes, type plateau-avion.

Remplissez votre assiette à moitié avec des légumes... cela laisse moins de place pour les aliments plus riches.

Les produits laitiers : oui, mais avec parcimonie. Supprimez tous les fromages en ne conservant que les yaourts maigres, pas ceux aux fruits qui sont souvent très sucrés. Et surtout ne supprimez pas les graisses. Si beurre et crème fraîche sont à bannir, les graisses insaturées du type oméga-3 (huiles de colza, de soja, de noix pour l'assaisonnement et margarine de colza sur les tartines) sont indispensables à votre santé. Pour cuisiner, utilisez de l'huile d'olive à condition de ne pas la faire trop chauffer. Boire surtout de l'eau, pas de soda, pas plus d'un verre de vin par jour et éviter tous les cocktails véritables bombes caloriques. Il vaut mieux un bon jus de tomate, très bon pour la santé et nettement moins calorique que les boissons alcoolisées.

Souvenez-vous qu'au-delà de trois verres par jour, l'alcool fait grossir !

Méfiez-vous des aliments allégés

Les aliments allégés ont fleuri au milieu des années quatre-vingt, capitalisant sur l'idée que les graisses font forcément grossir. Malheureusement, pour conserver une saveur agréable à ces aliments, les industriels ont remplacé les graisses par des agents de texture, des amidons modifiés, bref des sucres. Les amidons modifiés provoquent une brusque montée de glucose dans le sang ; une partie est stockée rapidement sous forme de graisses. Bilan : en consommant des produits allégés, vous fabriquez de la graisse et vous êtes moins rassasiée.

Luttez contre la constipation

La constipation gêne le retour veineux. Pour garder un transit fluide, il y a quelques règles élémentaires à respecter.

Un Français sur trois

La constipation gêne le retour veineux pour deux principales raisons :
D'une part, le côlon en comprimant les veines du petit bassin gêne la circulation de retour.
D'autre part, les efforts de défécation peuvent eux aussi entraîner une hyperpression abdominale et un ralentissement du retour veineux, favorisant l'apparition des varices.
En France, 30 % de la population souffre de constipation : un homme sur quatre et une femme sur deux. Pourquoi sommes-nous de plus en plus bloqués sur le plan intestinal ? D'abord parce que notre alimentation est de plus en plus pauvre en fibres, ce qui génère un bol fécal d'un volume insuffisant et de plus pas assez hydraté. Ensuite nous sommes trop sédentaires et ceci entraîne souvent une déficience de la musculature abdominale.

Une alimentation plus riche en fibres

Un régime comprenant suffisamment de fibres (20 à 35 grammes par jour) aide à la formation de selles molles et volumineuses. On trouve des fibres alimentaires dans de nombreux aliments riches en glucides complexes tels que les produits céréaliers à grains entiers ou riches en son ; les légumes et les fruits; les légumineuses (pois, haricots, lentilles); ainsi que dans les noix et les graines. Consommez quotidiennement 5 à 10 portions de légumes et de fruits. Privilégiez les pâtes, le riz et le pain complets et choisissez plus souvent des légumineuses.

Buvez, buvez...

Buvez abondamment, de manière à ce que le volume urinaire atteigne au moins 1,5 litre par 24 heures : eau ou jus de fruits, jus de légumes, bouillons.
Faites des exercices tous les jours et réservez-vous du temps pour la défécation.

Pensez au magnésium

Le magnésium est un métal indispensable à la vie. Non seulement il favorise le transit intestinal mais il joue aussi un rôle lors de l'exercice physique en facilitant la contraction des muscles lors de l'effort et leur relâchement lors du repos.
Les besoins de l'adulte sont de 300 à 700 mg par jour en fonction de la personne et de son mode de vie. En France, près de 50 % de la population manque de magnésium. Principales causes :

- l'abus de sucres, une consommation de thé supérieure à un demi-litre par jour entraînent des fuites urinaires importantes de magnésium ;
- l'abus de graisses, de fromages et d'alcool (plus d'un quart de litre de vin par jour) diminue notre réserve en magnésium ;
- le stress : plus le mode de vie est stressant, plus les besoins sont importants.

Où trouver le magnésium ?

Dans ces aliments si bons, si doux mais si caloriques : le chocolat, les fruits secs, la banane. Mais on le trouve aussi dans les céréales complètes, les fruits de mer, les poissons gras, les légumes, le pain complet. Les eaux minérales les plus riches en magnésium sont : Hépar, Contrexeville, Badoit, Vittel. Enfin, les vitamines B6 et D augmentent le taux de magnésium dans nos cellules.

Plus mince avec une alimentation riche en fibres

Une étude récente portant sur 2 909 adultes âgés de 18 à 30 ans montre que les personnes qui consomment de grande quantité de fibres alimentaires ont un poids inférieur à celles qui en consomment peu. Elles ont aussi un taux d'insuline plus faible, moins de pression artérielle, moins de triglycérides et moins de mauvais cholestérol.

Le régime qui protège

Au delà de l'alimentation-santé, certains nutriments ont-ils une action particulière sur notre système circulatoire ? Pour répondre à cette question, faisons ensemble, un tour du monde de la maladie veineuse.

Une maladie de civilisation

Les études épidémiologiques montrent que les varices sont 5 à 10 fois plus fréquentes dans les pays industrialisés que dans les pays du tiers-monde.

L'étude de Beaglehole portant sur des populations du Pacifique Sud, montre que la fréquence des varices est basse chez les populations primitives. En revanche elle est élevée chez les populations ayant un mode de vie occidental c'est-à-dire avec une alimentation riche en sucres raffinés, en graisses, pauvre en fibres alimentaires et vitamines antioxydantes.

En Inde, des chercheurs ont observé une très nette différence de la fréquence des varices entre le Nord du pays et le Sud : 7 % contre 25 %. En recherchant les causes de cette apparente protection des habitants du Nord, ils se sont aperçus que l'alimentation jouait vraisemblablement un rôle important avec une plus grande absorption d'**antioxydants**, notamment de vitamine E.

Explications : la théorie des radicaux libres

L'oxygène est indispensable à la vie. Nos cellules en ont besoin pour vivre. Lorsque nous respirons, lorsque nous mangeons, nous brûlons de l'oxygène. Mais cette combustion n'est pas parfaite. Elle laisse fuir des fragments de molécules très réactifs qu'on appelle radicaux libres. Ces radicaux libres peuvent avoir dans certains cas un effet bénéfique, notamment pour détruire les virus et les cellules cancéreuses. Mais ils sont surtout capables d'endommager sans discernement les protéines, les graisses, les tissus de l'organisme. Pour les contenir, le corps fait appel à des molécules et des enzymes très spécialisées appelées antioxydants qui les neutralisent avant qu'ils aient pu occasionner des dégâts. Lorsque ce système de défense est submergé, les radicaux libres abîment tout ce qu'ils rencontrent : c'est le stress oxydatif. Un équilibre doit exister entre les antioxydants et les pro-oxydants (stress, tabac, pollution, UV, mauvaise alimentation). Les radicaux libres sont l'une des principales causes du vieillissement humain ; ils sont à l'origine des rides, des infarctus, des cancers, du diabète, de la maladie d'Alzheimer et ils sont sans nul doute impliqués également dans la maladie veineuse : les radicaux libres, en agressant la paroi veineuse et les valvules, endommagent les cellules de l'endothélium qui ne peuvent plus fonctionner correctement. La veine normale se transforme alors en veine variqueuse.

Antioxydants contre radicaux libres

Tout organisme vivant, s'il produit des radicaux libres, possède aussi son propre système de défense : les antioxydants, chargés de neutraliser les radicaux libres. Ces antioxydants sont de nature diverse.

L'organisme produit ses propres antioxydants, par exemple :

- acide urique,
- mélatonine,
- glutathion,
- coenzyme Q10,
- enzymes (superoxyde-dismutases, catalases, peroxydases) qui utilisent des minéraux de l'alimentation comme le zinc, le fer ou le sélénium.

Mais, il puise aussi des antioxydants dans son alimentation :

- vitamines C et E,
- polyphénols des fruits et légumes,
- caroténoïdes des fruits et légumes (bêta-carotène, lycopène, lutéine, zéaxanthine),
- terpénoïdes des aromates.

Le collagène

Le collagène est un amas de grosses protéines qui forment des fibres très résistantes (ses fibres sont plus solides que des fils d'acier du même poids). C'est lui qui assure la solidité des tissus. Le collagène est fréquemment associé à une autre protéine, l'élastine qui elle, fournit la souplesse que n'a pas le collagène. Dans les veines, le collagène procure une résistance, l'élastine la capacité de se dilater. Le collagène est donc un élément essentiel de la tonicité veineuse.

Prenez des compléments de vitamine E

Les varices sont 5 à 10 fois plus fréquentes dans les pays industrialisés où la carence en vitamine E est courante, que dans les pays du tiers monde. Un apport complémentaire en vitamine E paraît tout à fait indiqué en cas d'insuffisance veineuse. Demandez à votre pharmacien de la vitamine E naturelle.

À la rencontre des protecteurs naturels

Dans votre alimentation, privilégiez les aliments riches en vitamines C, E et flavonoïdes car ce sont des alliés formidables de vos veines.

La vitamine C

Cette vitamine est intéressante à double titre. D'abord elle est antioxydante ensuite elle est essentielle à la fabrication du collagène *(lire encadré)*.
Lorsque vous manquez de vitamine C, votre corps fabrique moins de collagène et le collagène qu'il fabrique manque de solidité. Au niveau des veines, cela se traduit par une perte des capacités de soutien. C'est le début de la transformation d'une veine normale en veine variqueuse. Il est donc important de veiller à un apport suffisant. Un adulte a besoin de 100 mg de vitamine C (certains chercheurs estiment que ce chiffre devrait être multiplié par 2, voire par 3).
Les meilleures sources de vitamine C : kiwi, goyave, persil, cassis, estragon, oseille, poivron, brocoli, cresson, citron, orange.

La vitamine E

C'est un des antioxydants les plus puissants. Son rôle : protéger de l'oxydation les acides gras des membranes des cellules de tous nos tissus, et ce n'est pas rien ! Elle possède également une autre propriété intéressante dans le cadre de l'insuffisance veineuse : elle contribue à fluidifier le sang et réduit le risque de thrombose. Ce sont les oléagineux (amandes, noix) et les huiles végétales qui nous procurent le plus de vitamine E.

Les flavonoïdes

Les flavonoïdes font partie de la famille des polyphénols. Ils sont présents partout – dans les racines, les tiges, les fleurs, les feuilles – de tous les végétaux. Dans le règne végétal, ils constituent l'arme de défense des plantes, ce sont les guerriers ou les défenseurs des végétaux. Ce sont des antioxydants remarquables. Ils combattent l'inflammation, fluidifient le sang, stimulent la contraction veineuse et renforcent les parois vasculaires.

Vous trouverez des flavonoïdes dans le raisin, les fruits rouges (cassis, mûres, framboises), la peau des fruits, les choux, le persil, les navets, les épinards et brocolis mais aussi dans le thé, les tisanes et le vin rouge. Ce sont ces mêmes molécules qui sont à l'origine des propriétés veinoprotectrices des principales plantes utilisées en phytothérapie dans le cadre de l'insuffisance veineuse *(lire page 56)*.

Le sélénium : indispensable

Puissant antioxydant, il ralentit le vieillissement cellulaire. Il a également une action sur la fluidité sanguine. Où le trouver? Surtout dans les poissons, fruits de mer, œufs, viande. Certains végétaux (céréales en particulier) peuvent en contenir selon la richesse des sols. En France, les apports moyens ne représentent que 60 à 70 % des doses recommandées. Le sélénium est incorporé à de nombreux compléments alimentaires.

La star des flavonoïdes : les OPC

Parmi les flavonoïdes les plus étudiés figurent les OPC (oligomères procyanidoliques) extraits des pépins de raisin. Afin d'évaluer l'efficacité de ces molécules dans le traitement de l'insuffisance veineuse chronique, des chercheurs italiens ont suivi 24 personnes à qui ils donnaient 100 mg d'OPC par jour. Après seulement 10 jours de traitement, 80 % des malades ont rapporté une amélioration des symptômes (lourdeurs, picotements, œdème, douleur) et pour certains même leur disparition.

Les bonnes graisses : les acides gras oméga-3

Ces graisses ont tendance à disparaître de notre alimentation. Nous en consommons 10 fois moins que nos ancêtres. Or elles sont indispensables à notre santé en général et veineuse en particulier.

Qu'est-ce que c'est ?

Les oméga-3 sont une famille d'acides gras qui regroupent :

- L'acide alpha-linolénique (ALA) que l'on trouve dans les noix, l'huile de colza, l'huile de lin. L'ALA est un acide gras essentiel car il ne peut pas être fabriqué par l'organisme. Il doit être impérativement apporté par l'alimentation.
- Les acides eicosapentaénoïque (EPA) et docosahexaénoïque (DHA) qui se trouvent essentiellement dans les poissons gras sauvages.

Ces acides gras entrent dans la composition des membranes de toutes nos cellules. Ils participent à l'élaboration des prostaglandines, des substances chimiques qui interviennent dans la plupart des processus biochimiques de l'organisme : la régulation de la tension artérielle, le métabolisme du cholestérol et des triglycérides, les réactions immunitaires. Enfin, ils ont des propriétés anti-inflammatoires et fluidifiantes qui nous intéressent. Ils inhibent l'agrégation des plaquettes et participent au maintien de l'élasticité des vaisseaux.

Nous ne consommons pas assez d'oméga-3

Pourquoi ? Essentiellement parce que les huiles les plus consommées par les Français (maïs, tournesol) n'en contiennent pas ou très peu.

Du poisson... sauvage !

Pour que les poissons gras aient du bon gras (oméga-3), une bonne alimentation leur est nécessaire, c'est-à-dire riche en zooplancton. Les poissons d'élevage peuvent contenir 20 fois moins d'oméga-3 que les poissons sauvages, sauf s'ils sont nourris avec des huiles de poissons.

Donc pour de meilleures veines et un sang plus fluide, première étape : troquez votre huile de tournesol et les margarines classiques contre les huiles d'olive, de soja, de noix ou de colza ou de la margarine de colza. Ensuite, mangez 5 à 6 noix par jour et servez du poisson au moins 2 fois par semaine - sardine, maquereau, saumon, hareng en particulier.
On trouve enfin en pharmacie des suppléments d'EPA et DHA à base d'huile de chair de poisson contenant des oméga-3. À prendre en cure.

En conclusion : règles d'or pour des jambes légères

Les principes de base de l'alimentation dans le cadre des préventions des maladies veineuses se résument ainsi :
- lutter contre toute prise de poids en respectant les conseils ci-dessus ;
- éviter la constipation ;
- favoriser les aliments riches en antioxydants ;
- veiller à un apport en graisse équilibré (plus d'oméga-3).
- éviter les boissons alcoolisées, les épices et en fait tous les excitants ;
- boire de l'eau faiblement minéralisée (Vittel, Contrexéville, Évian) à jeun le matin et entre les repas.

Comment les oméga-3 empêchent la formation de caillot

Un caillot, c'est en fait un peu comme du papier mâché. Les plaquettes du sang jouent le rôle de la colle, le fibrinogène, une protéine du sang, celui des bandes de papier. Le fibrinogène s'entremêle avec les plaquettes ce qui aboutit à la formation d'un caillot. Les oméga-3 s'opposent à la formation des caillots en agissant à deux niveaux. D'abord, ils rendent les plaquettes moins « collantes » , ensuite ils réduisent la production de fibrinogène.

Les oméga-3 présentent d'autres bénéfices pour notre santé

- ils sont indispensables au bon développement de la rétine et du cerveau du fœtus et du nouveau-né ;
- ils abaissent le taux de triglycérides quand il est trop élevé ;
- ils préviennent les maladies cardiovasculaires et peut-être certains cancers (sein, côlon, prostate) ;
- ils améliorent la sensibilité à l'insuline ;
- ils ont des propriétés anti-inflammatoires ;
- ils diminuent le risque de dépression.

Menus « jambes légères »

Pour conserver des veines toniques, nous avons besoin de manger des aliments riches en vitamine C, vitamine E, sélénium, flavonoïdes, acides gras essentiels, en particulier oméga-3. Voici deux plats que je conseille.

Laitue aux crevettes marinées

INGRÉDIENTS POUR 4 PERSONNES

1 laitue = flavonoïdes, oméga-3, vitamines C, E
8 tomates cerises = vitamine C, caroténoïdes
1 cuillérée à soupe de purée d'ail = sélénium, vitamines C, E
8 crevettes roses crues = oméga-3, sélénium
2 cuillérées à soupe de ciboulette hachée = flavonoïdes
1 cuillérée à soupe de gingembre = terpènes et flavonoïdes
huile d'olive = vitamine E
12 noix du Brésil = oméga-3, sélénium, vitamine E.

PRÉPARATION

Laver soigneusement la salade. Fendre en deux la queue des crevettes décortiquées, aplatir légèrement ; les étaler dans le fond d'un grand plat, saupoudrer de gingembre et de ciboulette ; laisser mariner 2 heures sur chaque face en arrosant d'huile d'olive ; couvrir.

Servir en mélangeant crevettes et salade, puis préparer une vinaigrette avec la purée d'ail. Décorer avec les tomates cerises et les noix du Brésil.

Saumon au Chutney de mangue

INGRÉDIENTS POUR 4 PERSONNES

4 petits filets de saumon = oméga-3, sélénium
2 mangues bien mûres = vitamine C, E, flavonoïdes
1 botte de petits oignons blancs = vitamine C, sélénium
huile d'olive = vitamine E
1 cuillérée à café de poudre de curcuma = flavonoïdes
2 cuillérées à soupe de poudre de gingembre = terpènes et flavonoïdes
2 verres à moutarde de riz complet cuit à la créole avec de l'eau minéralisée = vitamines, magnésium

PRÉPARATION

Hacher quelques petits oignons blancs avec leurs fanes : les faire suer dans un peu d'huile d'olive. Saler et saupoudrer de gingembre les filets de saumon, les déposer sur la fondue d'oignons ; cuire 2 minutes sur chaque face ; couvrir et réserver au chaud.

Hacher le reste des petits oignons toujours avec leurs fanes. Cuire en même temps la pulpe des mangues, les oignons avec un peu d'huile d'olive, le curcuma, une cuillérée à soupe de gingembre. Cuire à feu très doux et à découvert jusqu'à obtention d'une consistance de confiture.

Verser ce mélange sur les filets de saumon. Ce plat est servi avec du riz à la créole.

Menu extrait du *Programme de longue vie,* J.-P. Curtay, T. Souccar, Éditions du Seuil, Paris, 1999.

Pourquoi éviter les boissons alcoolisées et les épices ?

Non seulement elles apportent beaucoup trop de calories, mais surtout elles dilatent les veines. Regardez votre visage après un bon verre de vin ou une coupe de champagne, il passe facilement au rosé puis au rouge, cela traduisant une dilatation des petites veines du visage ; il se passe la même chose au niveau des veines des jambes.

De plus, les vins – le vin blanc peut être plus que le vin rouge – sont connus pour favoriser la survenue de crampes nocturnes ou au réveil.

Les épices, le café ou le thé pris en trop grande quantité ont les mêmes effets.

JAMBES LÉGÈRES : LES RÉPONSES À VOS QUESTIONS

Avoir des jambes lourdes est-ce obligatoirement avoir des varices ?

Non. Par exemple toute femme – ou tout homme – qui reste debout trop longtemps en piétinant sur place va accumuler le sang veineux dans le bas des jambes, d'où la sensation de jambes pesantes.

Pourquoi la compression est-elle le cheval de bataille du phlébologue ?

Parce qu'elle traite la stase veineuse responsable des jambes lourdes, des varices, des troubles de la peau et des ulcères.

Les bains chauds sont-ils interdits ?

La température idéale pour votre bain ne doit pas dépasser 38 °C, mais cela n'est pas froid ! Une température supérieure va dilater vos veines, donc favoriser la stase veineuse.

« Docteur, j'ai des varices certes, mais je n'ai absolument pas mal aux jambes. Est-ce que je dois les traiter ? »

La réponse est oui. Le risque de cette maladie veineuse est sa chronicité, c'est-à-dire qu'elle dure longtemps et se développe lentement. Les complications sont fréquentes, de la phlébite à l'ulcère en passant par la rupture de varices.

Sait-on quelles sont les varices qui risquent de s'aggraver et inversement ?

Jusqu'à ce jour, il n'existe aucune méthode permettant de dire à un patient : « Vos varices vont s'aggraver et se compliquer » ou l'inverse. En attendant que nos chercheurs (et ils sont sur la piste en ce moment) trouvent des marqueurs de la maladie veineuse, on sait qu'il existe des facteurs de risque des varices, c'est-à-dire des éléments favorisant leur survenue et leur développement.

Est-ce que la pilule contraceptive ou le traitement hormonal substitutif aggravent la circulation veineuse ?

La réponse est oui aux deux questions. Au moindre doute, l'avis de votre phlébologue et/ou de votre gynécologue s'impose avec à la clé un examen par échographie-Doppler. Ils permettront d'évaluer votre capital veineux et de voir si les règles de prévention particulièrement dirigées sur vos autres facteurs de risque éventuellement associés au traitement hormonal suffisent à assurer une meilleure circulation veineuse. Au moindre doute sur l'existence d'une thrombose veineuse – actuelle ou passée – le problème de la prise d'hormones sera à revoir avec votre phlébologue et votre gynécologue.

Tous les ulcères sont-ils d'origine veineuse ?

Non. Chez le sujet âgé par exemple, ils peuvent être dus à une mauvaise circulation artérielle. On parle d'artériopathie des membres inférieurs, mieux connue sous le nom erroné d'artérite. Il arrive que les deux origines soient associées (artérielle et veineuse), ce qui rend le traitement difficile.

Quand se faire opérer ?

Idéalement dès que les varices apparaissent et dès que votre Doppler montre des veines dilatées avec des reflux. Les varices ne peuvent pas disparaître toutes seules, hormis chez la femme enceinte qui peut parfois récupérer des jambes normales après l'accouchement.

Un côté ou deux côtés ?

Si vous avez des varices à une seule jambe, il n'y a pas lieu d'opérer les deux, bien entendu.

CONCLUSION

La maladie veineuse est une pathologie à part entière. Ce n'est pas une pathologie de confort.

Sur le plan médical

La stase veineuse est douloureuse. Elle se traduit au début par la sensation de jambes lourdes. Ces douleurs gênent la patiente dans son activité au quotidien, l'empêchent de rester longtemps debout à repasser, à faire la cuisine mais aussi dans son activité professionnelle si elle reste longtemps assise ou travaille debout. Les coiffeuses, barmaids, serveuses de restaurant ou celles qui travaillent en usine sont amenées à avoir les jambes lourdes et douloureuses et cela ne se résume pas à un simple inconfort !

Sur le plan socio-professionnel

Les facteurs de risque de la maladie veineuse sont nombreux. Si certains de ces facteurs relèvent de situations particulières comme l'obésité ou la grossesse ou sont d'ordre héréditaire, nombre d'entre eux comme la station debout, la sédentarité ou l'exposition à la chaleur dépendent étroitement des conditions de travail.

Nous avons déjà insisté sur le rôle de ces derniers facteurs dans l'apparition de la maladie veineuse. Lors d'une enquête française récente, 91 % des femmes interrogées sur les possibilités de modifier leurs conditions de travail ont répondu qu'à moins de changer de métier, il ne leur était pas possible de se soustraire à leurs facteurs de risques professionnels et si 19,9 % des femmes atteintes de maladie veineuse considèrent que cette affection constitue un handicap important dans leur vie professionnelle, seulement 1 % envisage de pouvoir changer d'emploi.

La maladie veineuse retentit également de manière significative sur les actes de la vie quotidienne et la vie sociale des femmes. Du fait de leurs troubles veineux, 20 % des femmes déclarent avoir réduit la fréquence avec laquelle elles font leurs courses, leur ménage et la fréquence de leurs sorties en ville ou chez des amis. Ce retentissement augmente considérablement en fonction du stade de la maladie veineuse.

Au vu de ces chiffres, il paraît déplacé de parler de pathologie de confort alors même qu'elle affecte de manière inégalitaire les couches sociales les plus défavorisées et ce dans un contexte professionnel auquel elles ne peuvent se soustraire pour des raisons économiques majeures.

Enfin, on peut également se demander si ce regard porté sur la maladie veineuse n'est pas le reflet d'une certaine discrimination sexuelle liée au fait qu'elle est traditionnellement décrite comme étant typiquement féminine, ce qui est faux. La prise de conscience actuelle de l'existence de cette maladie chez l'homme contribuera peut-être à ce que la maladie veineuse soit considérée comme une pathologie à part entière....

LEXIQUE

ANGÉIOLOGIE : branche de la médecine qui s'intéresse aux maladies des vaisseaux : artères, veines et lymphatiques, d'où le terme de médecine vasculaire.

ANTICOAGULANT : médicament qui empêche la formation de caillots dans les artères et les veines ou favorise leur dissolution.

CAILLOT SANGUIN : masse spongieuse formée par la coagulation du sang dans une artère ou une veine. Synonyme = thrombus.

CAPILLAIRE : vaisseau de très petite taille situé entre une artériole et une veinule. L'ensemble de ces petits vaisseaux forme ce que l'on appelle la micro-circulation.

CELLULE ENDOTHÉLIALE : cellule plate tapissant les vaisseaux = cellule usine de la paroi du vaisseau.

CELLULITE : voir à lipœdème.

CIRCULATION SANGUINE : mouvement du sang dans les vaisseaux.

CLASSE DE COMPRESSION : classification des bas de compression selon leur pression en quatre classes, de la moins forte à la plus forte.

CROSSE : élargissement en forme d'entonnoir des veines saphènes – veines superficielles – à leur abouchement dans les veines profondes.

DÉVALVULATION : perte des valvules veineuses.

DISTENSIBILITÉ VEINEUSE : faculté de déformation de la paroi veineuse. La veine se dilate et revient ensuite à son diamètre de départ.

ÉCRASEMENT VEINEUX PLANTAIRE : compression du plexus veineux plantaire à chaque pas.

ECTASIE VEINEUSE OU ARTÉRIELLE : dilatation permanente d'une veine ou d'une artère.

EFFET DOPPLER : phénomène de changement de fréquence des ondes à l'approche ou à l'éloignement de la source émettant les ondes. En médecine vasculaire, on utilise les ondes ultrasonores.

EMBOLIE : arrêt brutal d'un caillot dans le courant circulatoire venant bloquer le passage du sang.

INCONTINENCE VALVULAIRE : valvule défaillante qui n'assure plus son rôle de clapet, d'où le reflux veineux vers le bas des jambes.

JAMBES SANS REPOS : sensation désagréable ressentie en position allongée qui oblige le patient à bouger ses jambes en permanence pour rechercher la bonne position (rarement d'origine veineuse).

LIPOEDÈME : augmentation du tissu adipeux sous-cutané en particulier au niveau des jambes (cellulite).

LYMPHATIQUES (VAISSEAUX) : ils participent aussi à la circulation de retour en transportant la lymphe depuis les extrémités jusqu'au cœur. La lymphe est plus épaisse que le sang contenu dans les veines car elle contient de grosses molécules qui n'ont pas pu passer dans les petites veinules.

LYMPHŒDÈME : œdème lié à un déficit des vaisseaux lymphatiques.

ŒDÈME : gonflement dû à une accumulation d'eau dans les tissus sous la peau. Il est dû à un mauvais drainage des veines et/ou des lymphatiques.

PARAPHLÉBITE : terme à ôter définitivement de votre vocabulaire. Le terme correct est phlébite d'une veine superficielle par opposition aux phlébites des veines profondes.

PAROI VEINEUSE : ensemble des tuniques constituant la veine et entourant la lumière dans laquelle passe le sang.

PERFORANTES : veines assurant une liaison entre les veines profondes et les veines superficielles en traversant la membrane qui marque la frontière entre les plans profonds et superficiels.

PERMÉABILITÉ CAPILLAIRE : propriété de la paroi capillaire qui permet le passage de certains liquides du sang vers les tissus mais en retient d'autres.

PHLÉBOLOGIE : spécialité de la médecine, consacrée au traitement des veines.

PHLÉBITE : caillot dans une veine (synonyme = thrombose).

PHLÉBECTOMIE : méthode de traitement des varices consistant à enlever un segment de veine superficielle trop dilaté avec des pinces.

PLAQUETTES : éléments du sang, comme les globules rouges et blancs. Les plaquettes jouent un rôle important dans la formation des caillots, d'où l'intérêt des traitements anti-plaquettaires comme l'aspirine, pour prévenir les thromboses.

RADICAUX LIBRES : molécules possédant un électron libre et ayant ainsi des propriétés oxydantes, c'est-à-dire agressives pour d'autres molécules et les cellules.

SAPHÈNE : veine des membres inférieurs. Il existe deux veines saphènes : l'une interne, l'autre externe.

SCLÉROSE : injection d'un liquide dans une veine trop grosse (varices) permettant à celle-ci de diminuer.

SOUS-CUTANÉ : sous la peau.

STASE VEINEUSE : ralentissement prononcé ou arrêt de la circulation du sang dans une veine.

STRIPPING : acte chirurgical permettant d'enlever une veine superficielle dans sa totalité.

TÉLANGIECTASIE : dilatation des veinules intra-dermiques qui deviennent ainsi apparentes sous la peau. Plainte esthétique fréquente chez les femmes.

TONICITÉ VEINEUSE : tension permanente de la paroi veineuse. Une veine hypotonique est une veine qui a perdu sa tonicité.

ULCÈRE : perte de substance cutanée superficielle.

VARICES : veine superficielle trop grosse et dans laquelle le sang ne circule pas dans le bon sens.

VARICES PELVIENNES : dilatation permanente d'une veine de la région située entre le pubis, les hanches et le coccyx (bassin).

VARICES RÉTICULAIRES : dilatation permanente des veines superficielles de petit calibre (2 à 4 mm). Si elles représentent le premier stade de la maladie veineuse chronique, elles n'évoluent pratiquement jamais vers les formes graves (avec ulcères et troubles trophiques). 80 % des hommes et des femmes en ont !

BIBLIOGRAPHIE

Constantini A. : *Clinical and capillaroscopic evaluation of procyanidins from Vitis vinifera in the treatment of chronic veinous insufficiency.* Minerva Cardioangiologica, 1999, 47 : 39-46.

Cornu-Thenard A. : *Importance of the familial factor in varicose disease. Clinical study of 134 families.* J Dermatol Surg Oncol 1994, May, 20(5) : 318-26.

Pittler M.-H. : *Horse-chestnut seed extract for chronic veinous insufficiency : a criteria-based systematic review.* Archives of Dermatology, 1998, 134 : 1356-1360.

Allaert F.-A. : *Conséquences médico-sociales de l'insuffisance veineuse diurne et nocturne sur la vie quotidienne des femmes.* Angéiologie 1998, 50, 4, numéro spécial.

Benigni J.-P. et col. : *Foam sclerotherapy. State of art.* Éditions Phlébologiques Françaises, Paris, 2002.

Cazaubon M., Blanchemaison P. : *Règles de prévention en pathologie vasculaire périphérique.* Encycl Méd Chir (Elsevier, Paris). Angéiologie : 18-2350,1997.

Cazaubon M., Boisseau M. : *Veinotropes.* Encycl Méd Chir (Elsevier Paris). Angéiologie : 19-3520, 1997.

Curtay J.-P., Souccar T. : *Le programme de longue vie,* Éditions du Seuil, Paris, 1999.

Perrin M. : *L'insuffisance veineuse chronique des membres inférieurs.* Éditions Medsi, Paris, 1990.

Ramelet A., Monti M. : *Phlébologie.* Masson, Paris, 4e édition.

Rombi M. : *Phytothérapie Conseils et Prescriptions,* Éditions Romart, Nice, 1994.

Simopoulos A.-P. : *The Omega diet,* HarperPerennial, New York, 1999.

Les titres disponibles chez Alpen Éditions :

- 300 remèdes naturels
- Alcool, vin et santé
- Arrêter de fumer
- Arthrose rhumatismes arthrite
- Asthme : vers un nouveau souffle
- Astro plantes
- Attendre et nourrir mon enfant
- Bien se nourrir pour vivre mieux
- Candida Albicans
- Ces aliments qui guérissent
- C'est la thyroïde docteur ?
- Chasser la déprime avec les plantes
- Comment mieux dormir
- Combattre les allergies
- Contrôlez votre acidité : L'équilibre acido-basique
- Cuisson et santé
- Cystite, prostate : les solutions
- Dites non au cholestérol
- Docteur, c'est la prostate ?
- Docteur, j'ai un psoriasis
- En finir avec le ronflement
- En forme grâce aux épices
- Énergie et médecine chinoise
- Équilibrer ses émotions avec les fleurs de Bach
- Être heureux avec le millepertuis
- Fatigue chronique, fibromyalgie
- Fini les jambes lourdes
- Fini malaises et vertiges
- Garder la forme après 40 ans
- Gardez une peau saine
- Je nourris mon enfant
- L'alimentation des ados
- La chirurgie esthétique
- La cuisine Sain-plement
- La diététique du diabète
- La nouvelle ménopause
- La numérologie pratique
- La nutrigénétique
- La vérité sur les vaccins
- Le bien être par la relaxation
- Le dico des bobos
- Le dictionnaire des plantes médicinales
- Le Feng Shui pratique
- Le guide de phytothérapie
- Le guide pratique des vitamines
- Le mal de dos, c'est fini
- Le monde des jeux vidéo
- Le nouveau régime flexitarien
- Le pouvoir des oméga-3
- Le précis des oligoéléments
- Le précis de l'homéopathie
- Le régime anti-cholestérol
- Le régime potassium
- Le régime protéiné
- Le régime sans sel
- Les aliments qui guérissent : fruits, légumes, épices
- Les bienfaits de la mer
- Les bons aliments pour maigrir
- Les compléments alimentaires
- Les cosmétiques Bio
- Les couleurs
- Les enfants hyperactifs
- Les étirements faciles
- Les jus magiques
- Les massages
- Les migraines c'est fini
- Les miracles du soja
- Les plantes qui soignent
- Les remèdes de la ruche
- Les secrets de santé des antioxydants
- Les secrets de santé du thé
- Les secrets du ginseng
- Les secrets d'une belle peau
- Les soins par les huiles essentielles
- Les vertus du soja
- Les vertus santé du cacao
- Les vitamines
- L'hypertension artérielle
- L'hygiène bucco-dentaire
- L'oignon fait des merveilles
- L'ostéoporose
- Ma santé dans mon assiette
- Maigrir après 40 ans
- Maigrir à l'aide des compléments alimentaires
- Maigrir avec la diététique chinoise
- Maigrir avec la méthode chrono-asiatique
- Maigrir avec le régime paléo
- Maigrir sans faire de régime
- Maigrir selon vos hormones
- Mieux assimiler le gluten
- Mes soupes préférées
- Découvrez les index glycémiques
- Maigrir avec la cuisine méditerrannéenne
- Recettes minceur midi et soir
- Mémoire totale
- Plus jamais fatigué !
- Plus mal au ventre
- Préservez votre capital santé
- Prévenir Alzheimer
- Prévenir et guérir l'infarctus
- Programme anti-âge
- Programme Detox
- Programme jeunesse
- Relations amoureuses et sexualité
- Rester jeune après 60 ans
- Revivre après une séparation
- Rhumatismes : votre ordonnance naturelle
- Secrets de jouvence
- Secrets d'Olive et diète méditerranéenne
- Soigner et préserver ses cheveux
- Stress contrôle
- Une grossesse heureuse
- Vaincre enfin la cellulite
- Victoire sur l'arthrose
- Vinaigre, bicarbonate, citron
- Votre santé par les huiles essentielles